历史不能忘记系列 ⑥

淞沪抗战

吴美华 ◎ 著

中国民主法制出版社

2015年·北京

图书在版编目（CIP）数据

淞沪抗战/吴美华著. —2 版. —北京：中国民主法制出版社，2015.7

（历史不能忘记系列/张量主编）

ISBN 978-7-5162-0949-3

Ⅰ.①淞⋯ Ⅱ.①吴⋯ Ⅲ.①八·一三事变（1937）—青少年读物 Ⅳ.①K265.509

中国版本图书馆 CIP 数据核字（2015）第 180403 号

历史不能忘记系列
 张量 主编
图书出品人：刘海涛
出 版 统 筹：赵卜慧
责 任 编 辑：吕发成 胡百涛

书名/淞沪抗战
作者/吴美华 著

出版·发行/中国民主法制出版社
地址/北京市丰台区玉林里 7 号（100069）
电话/63055259（总编室） 63057714（发行部）
传真/63056975 63056983
http：//www. npcpub. com
E-mail：mzfz@npcpub. com
经销/新华书店
开本/32 开 880 毫米×1230 毫米
印张/7.25 **字数**/145 千字
版本/2015 年 7 月第 2 版 2020 年 11 月第 5 次印刷
印刷/永清县晔盛亚胶印有限公司

书号/ISBN 978-7-5162-0949-3-01
定价/20.00 元

▶ 修订版序

    中国出版集团旗下中国民主法制出版社，将在中国人民抗日战争暨世界反法西斯战争胜利70周年之际，修订再版"历史不能忘记"系列丛书，我感到非常高兴。当年我参加组织编写了这套丛书，得到了社会的认可。在老一辈无产阶级革命家杨成武同志为第一版作序后，由我为再版作序。虽然水平有限，然出版社坚持，也只好尽力而为了。

    1993年以后，日本国内的右翼势力开始猖獗，日本政局也开始出现右倾化的动向，不时上演参拜靖国神社、篡改历史教科书、否定南京大屠杀，为日本侵华战争涂脂抹粉，企图推卸战争责任的闹剧。前事不忘，后事之师。要让中国人民和世界人民永远牢记这段历史，尤其要让青少年从小就了解、记住这段历史。在我国国内，虽然抗日战争方面的图书资料很多，却难见一套比较系统地对青少年进行抗日战争方面的爱国主义教育的丛书。1998年初，中国民主法制出版社的编辑赵卜慧等同志策划了"历史不能忘记"系列丛书。受出版社邀请，我组织时任中国社会科学院近代史研究所所长、《抗日战争研究》杂志主编、中国抗日战争史学会副会长张海鹏，中国第二历史档案馆馆长、中国抗日战争史学会理事周忠信，中国人民大学中共党史系主任、博士生导师陈明显，中国人民抗日战争纪念馆编研部主任、中国抗日战争史学会常务理事、研究员张量和中国人民解放军军事医学科学院研究员、细菌学专家郭成周以及对抗日战争史有深入研究的专家学者，精心编写了这套丛书。这套丛书收录了大量的史料和图片，有些是首次公之于众的，揭露了日本侵略中国所犯下的滔天罪行，如南京大屠杀、日军细菌部队罪行等；讴歌了中国人民浴血奋战，与日本侵略者血战到底的气壮山河、可歌可泣的民族精神，如八一三淞沪会战、台儿庄战役、百团大战等。该丛书第一版推出 12 本，于 1999 年 9 月出版。丛书出版后在读者中引起了很好的反响，当年就名列共青团中央"中国新世纪读书计划第 7 期新书推荐榜"，并被列为上海市中小学生图书馆必备书目，荣获第 9 届上海市中小学生优秀课外读物三等奖。

近几年，日本政府在右倾化的道路上越走越远，尤其是安倍上台以后，不但矢口否认历史，而且否认对侵略历史表示歉意的"村山谈话"，挑起诸多事端，解禁集体自卫权，对外出售武器，动摇日本战后和平宪法的根基，加快日本军国主义的复活，引起世界各国尤其是曾经遭受日本军国主义铁蹄蹂躏的亚洲邻国的高度警惕。

　　为了铭记历史、缅怀先烈、珍视和平、警示未来，2014 年 2 月 27 日，全国人大常委会通过了《全国人民代表大会常务委员会关于确定中国人民抗日战争胜利纪念日的决定》，以法律的形式，将每年 9 月 3 日确定为中国人民抗日战争胜利纪念日；2014 年 4 月 10 日，又通过了《全国人民代表大会常务委员会关于设立南京大屠杀死难者国家公祭日的决定》。今年是中国人民抗日战争暨世界反法西斯战争胜利 70 周年，我国将在纪念日举行空前盛大的阅兵活动，向世界宣示中国维持战后世界秩序的坚定决心。

　　在此之际，修订再版"历史不能忘记"系列丛书，充分体现了中国民主法制出版社的担当意识和责任精神。丛书站在新的历史方位，挖掘和整理最新史学研究成果和文献资料，由初版 12 册增加到 22 册，内容更加丰富，事实更加清晰，范围更加广阔，尤其是把儿童抗战、文化抗战、台湾抗战、空军抗战、海军抗战等鲜为人知的抗战史料呈现在读者面前。不难看出策划者把这套丛书作为精品工程精心来打造的良苦用心。

　　2014 年 7 月 7 日，习近平总书记在纪念全民族抗战爆发 77 周年仪式上指出，历史是最好的教科书，也是最好的清醒剂。中国人民对战争带来的苦难有着刻骨铭心的记忆，对和平有着孜孜不倦的追求。中国的抗日战场，是世界反法西斯战争的东方主战场，中国抗日战争的胜利，为世界反法西斯战争作出了积极贡献。中国抗日战争的胜利，是中国近代以来第一次取得的反对外来侵略的彻底胜利，一雪百年屈辱历史，它是中华民族由衰败走向振兴的重大转折。

实现民族复兴的中国梦，是每一位中华儿女共同的历史使命。中华民族的伟大复兴、美丽中国梦的实现，许多道理需要让历史告诉未来。中国人民会铭记这段历史，以史为鉴，时刻保持清醒头脑，警惕日本军国主义的死灰复燃，牢记"落后就要挨打，就要受人欺负"的教训，紧密地团结在以习近平为总书记的党中央周围，发奋图强，努力学习和工作，把我们的国家建设得日益繁荣富强，为早日实现中华民族伟大复兴的中国梦而努力奋斗。

中央档案馆原馆长
中国档案学会原理事长
中国抗日战争史学会原副秘书长 王明哲

2015年5月

▶ 第一版序

抗日战争，这是个历史性和现实性都很强的话题。

说它具有很强的历史性，那是因为，这场战争的爆发距今毕竟已有62年。时至今日，战争的硝烟早已散尽，在和平共处五项原则的基础上，中日两国正面向未来，致力于建设和平与发展的友好合作伙伴关系。至于有关反映抗日战争的文章和书籍，60多年来则更是难计其数。

说它具有很强的现实性，则是由于：其一，抗日战争毕竟是自1840年鸦片战争以来，帝国主义列强发动的历次侵华战争中最残酷的一场战争，也是中国人民反抗外来侵略最坚决并最终取得全面胜利的一场战争。这场惨绝人寰的侵略战争造成了3500万中国人的伤亡，造成了1000亿美元的直接财产损失，使千百万中国人流离失所。这么一场空前的民族大灾难，无论如何不应该也无法从人们的记忆中抹去。其二，抗日战争虽然早已结束，但它给我们留下许多血的教训：得道多助、失道寡助。尽管有一时的强弱之别，然而玩火者必自焚，正义终将战胜邪恶；贫穷、落后就要挨打，就会受人欺辱，只有国家富足强盛，才能人民安居乐业……所有这些，都将犹如警钟长鸣，时时警示着世人。其三，人总是要有点精神的。中华儿女在这场民族灾难中所表现出来的浴血奋战、不怕牺牲的抗战精神，作为一种极其宝贵的精神财富，无论时间再久远，都将永久地熠熠生辉、光芒四射。在和平的年代里，在社会经济建设中，我们仍然需要弘扬这种宝贵的民族精神。其四，随着时间的推移，抗日战争渐渐成为历史，年青的一代只能从历史书籍、从教科书中去了解这场战争的真相了。也正因为如此，在日本，总有那么一些人不时地挑起事端，他们或在教科书问题上大做文章，或在日军侵华史实上黑白颠倒，企图篡改历史，误导后人。历史霎时间似乎成了一个任人打扮的小女孩。为此，要不要把这场战争的本来面貌告诉世人特别是年青的一代，显然成了摆在每一个史学工作者面前的现实问题。

有鉴于此，中国民主法制出版社约请了长期从事抗日战争问题研究、占有大量客观资料的专家学者，历时数载，撰写了这套"历史不能忘记"丛书。丛书本着对历史负责，对后人负责的态度，严格尊重史实，凭借事实说话，分《以史为鉴　面向未来》《九一八事变》《七七卢沟桥事变》《八一三淞沪会战》《平型关战役》《台儿庄战役》《南京大屠杀》《百团大战》《日军细菌战》《中国空军抗战》《中国海军抗战》《中国抗日远征军》

《抗日英烈民族魂》《华侨支援祖国抗战纪实》《国际友人与抗日战争》《华北抗日》《华东抗日》《华南抗日》《抗战中的延安》共 19 个分册，全方位多角度、系统客观地披露和介绍了抗日战争的爆发背景以及发动经过、侵华日军在战争中所犯下的滔天罪行、中国军民抗击侵略者的著名战役、献身于抗战的民族英烈等。其中，一些材料和观点尚属首次公开发表。

日本的一位首相曾经说过："我们无论怎样健忘，也不能忘记历史。我们可以学习历史，但不能改变历史。"作为一种民族灾难，抗日战争过后的今天，无论是挑起这场战争的加害国还是遭受侵略的被害国，惟有正视史实，以史为鉴，才能更好地面向未来，防止悲剧再度发生。而再现历史真相又是问题的逻辑前提。我想，这恐怕正是撰写和出版这套丛书的目的所在吧。

作为抗日战争的亲身经历者，我愿意把这套丛书推荐给需要了解和应当了解这段历史的人们。

杨成武

1999 年 4 月 4 日

▶ 目 录

绪　　言

著名的淞沪抗战是指发生在 1932 年和 1937 年的两次淞沪地区的中国军队抗击日本侵略者的战役，是中国近现代史上中华民族英勇抗击帝国主义侵略的重大战役，也是中国抗日战争的重要组成部分。

第一次是 1932 年 1 月 28 日爆发的淞沪抗战。主要是蒋光鼐、蔡廷锴领导的国民革命军第十九路军与张治中领导的第五军的对日作战。在全国人民抗日高潮的推动和影响下，他们以劣势装备和血肉之躯，浴血奋战三十六天，使日军被迫四次增兵、三易其帅，海、陆、空军相继登场，屡屡败北，死伤逾万，狠狠地打击了日本侵略者的嚣张气焰，打破了日军不可战胜的神话，鼓舞了中国人民反抗侵略的斗志。但最后中国军队由于蒋介石的不支持而撤退。

第二次是 1937 年 8 月 13 日爆发的淞沪会战。八一三淞沪会战，揭开了中国全面抗战的壮烈序幕，是中国正面战场的第一次重大战役，也是世界反法西斯战争的第一次大规模的战役。是在中国共产党抗日民族统一战线政策的指引下，在全国军民的支援下，由国民党统率的军队进行的一场规模宏大的抗日战役，也是一场以中国共产党为领导核心的声势浩大的波澜壮阔的民众抗日救亡运动。向全世界展示了中华民族抗战的决心和能力，显示了民族团结所迸发的伟大力量。

在为时三个月的战斗中，会战规模之巨大、时间之持久、作战样式之复杂、战斗之悲壮惨烈，均为一时之仅见。中国军民同仇敌忾，英勇抗敌，在民族存亡的危急关头，表现出空前的团结和勇于牺牲的精神，万众一心筑起了一道血肉长城，有力地打击了日本帝国主义侵略者的嚣张气焰。将士们在极其艰苦的条件下，用简陋的武器同装备精良的日军进行了殊死搏斗，粉碎了日本军国主义者妄想在三个月内击败中国的美梦，用鲜血和生命捍卫了中华民族的尊严，打乱了其侵华战略计划，极大地振奋了全国人民的民族精神，为国家转入战时体制赢得了时间。同时，也向全世界宣告：没有任何力量可以征服中国人民，中国永远不会灭亡！淞沪会战在世界反法西斯战争中，有着重要的地位和影响。

现在就让我们去追述淞沪抗战的起因、经过、结局和那惊心动魄的一幕……

国之东门　上海的战略地位

　　上海，是中国的经济中心、工业基地，20 世纪 30 年代的上海，有着"东方巴黎"之盛誉。

　　上海地处长江出海口，是中国最大的工商业城市和进出口贸易的重要港口。近代以来，西方国家在这里开商埠、建租界、通航运、兴实业，逐渐使上海成为远东最大的经济、金融中心。1937 年上半年，上海的对外贸易总额占全国贸易总额的 55% 以上。

　　作为当时中国金融中心的上海，全世界数十家最大、最有名的银行都在此设有办事机构。英国在华投资的约 80%，法国的约 90%，意大利的约 70%，美国的约 60% 以上都在上海。名目繁多的交易所、股票市场，每日吸引着来自世界各地的冒险家和淘金者，他们怀着发横财的愿望纷纷驻足上海，给这座东方的大都市增添了丰富多彩的内容和变幻莫测的神秘感。

　　上海是富豪们的天地，是巨商大亨们的乐园。这里有便利的交通、纵横的街道、林立的大厦，游乐场、影剧院随处可见，歌舞厅、酒吧间比比皆是。白天，街市上车水马龙，人山人海，一派热闹的繁荣景象；入夜，万家灯火通明，彩灯闪烁，黄浦江、苏州河在灯光的照耀下如同白昼，犹如一幅大千世界的多彩画卷。军政显要、达官贵人、富商巨贾、阔少小姐们在这里夜夜笙歌，醉生梦死。

上海还是当时中国的工业基地。这里有着当时中国最先进的工厂和生产设备，以及最熟练的产业工人。上海的工业门类齐全，纺织、机器制造、服装、印刷、木工、家具、五金、车辆、皮革、食品、卷烟等应有尽有。上海的工厂有数千家之多，大多集中于沪东、虹口、杨树浦一带，闸北、南市、浦东和沪西各区，亦有相当数目。仅华商纱厂就有 30 家。另外，有染织厂 190 家、针织厂 50 家、缫丝厂 51 家、丝织厂 400 家。还有水泥厂、肥皂厂、卷烟厂、面粉厂、木材厂等一应俱全。上海的工业在当时中国首屈一指。

上海港，是世界第五大港口。京沪和沪杭甬铁路在此交汇，水运通达，陆路便利，所以又使其成为通往国外和内地的交通枢纽。这里离首都南京咫尺之遥，可以说夺取上海就等于打开了通往首都的门户，控制上海，无疑扼住了中国内陆的咽喉！如果以此为基地，再进一步侵占中国的首都南京，就会掌握住中国的经济脉搏。上海自然便成为中国的东大门及保卫首都的屏障，在战略上具有十分重要的地位。此外，上海在地理上又接近日本，因此这里一向被日本帝国主义视为侵略中国的入口要道。

▲上海（一·二八开战前夕）

　　日本帝国主义早已对上海这座美丽而繁华的城市虎视眈眈，垂涎欲滴。1937 年 7 月 17 日，日本驻上海的海军第三舰队司令长谷清川在给日本海军司令部的报告中就曾说过这样的话："为制中国于死命，以控制上海、南京最为重要。"后来，日军参谋部给天皇的上奏中更是露骨地表白了他们侵占上海的目的，是"使其丧失经济中心的机能"。

　　由于上海显著的地理位置和特殊的作用，以及与当时中国政府所在地南京唇齿相依的密切关系，日本处心积虑，蓄谋已久，必欲占之而后快。

誓死抵抗
"一·二八"淞沪抗战

1931年九一八事变之后，日本占领了中国东北。为了支援和配合其对中国东北的侵略，掩护其在东北建立伪满洲国的丑剧，为了转移国际视线，日本关东军司令本庄繁密令关东军高级参谋坂垣征四郎在中国南方制造事端，以便激化新的矛盾，引发新的冲突，坂垣把目光投向了上海。

按照日本人侵略中国的一贯伎俩，欲新进犯一地，首先是制造借口，九一八事变是这样，"一·二八"事变也如法炮制。于是，日本在上海开始自导自演，挑衅引发冲突，上演了"一·二八"事变，时间长达一个多月。

1932年1月5日，板垣征四郎从中国东北飞回东京，得到裕仁天皇破格接见，并向天皇和日军参谋本部报告侵占东北的情况。随后板垣参与制定在上海发动战争的计划，并从东京给日本驻上海公使馆陆军辅助武官田中隆吉少佐发了如下电报："满洲事变按预计发展……请利用当前中日间紧张局面进行你策划之事变，使列强目光转向上海。"

田中隆吉接电后，交代日本女间谍川岛芳子（即金壁辉）具体策划实施。

◎ 挑起战端

1932 年 1 月 8 日，朝鲜义士李泰昌为报国仇家恨，在东京樱田门外狙击日本天皇。天皇侥幸未死，李泰昌却被打入牢狱，世界舆论大哗。上海《民国日报》以"不幸仅炸副车，凶手即被逮"为标题作了报道。日方借口说这是对天皇的不敬，立即提出了严重抗议，并要求上海市市长吴铁城谢罪，封闭《民国日报》，并无理要求市府当局压制上海市民的爱国运动。

1932 年 1 月 18 日下午，川岛芳子唆使两位日本日莲宗僧人与三位日本信徒到毗邻上海公共租界东区（杨树浦）的华界马玉山路的三友实业社总厂去生事。日方五人在厂外观看厂内工人义勇军操练，并投掷石子寻衅滋事，引发冲突。而之前川岛芳子早已经雇用打手扮成工人模样混入人群。冲突中，日方五人遭到不明人士攻击，一人死亡，一人重伤，然而警察并未成功逮捕犯人，因此日本指控攻击事件为中国人的工厂纠察队所为。此即所谓"日僧事件"。

1 月 20 日凌晨 2 时许，数十名日侨青年同志会成员趁夜放火焚烧了三友实业社，又砍死一位、砍伤两位前来组织救火的工部局华人巡捕。当天下午，田中隆吉煽动日本侨民 1200 人在文监师路（塘沽路）日本居留民团集会，并沿北四川路游行，前往该路北端的日本海军陆战队司令部，要求日本海军陆战队出面干涉。途中走到靠近虹江路时，开始骚乱，袭击华人商店。

在日本有意挑起战端的过程中，日军已经开始了攻占上海的行动。1 月 21 日，日本特务舰、巡洋舰及第十五驱逐舰队陆战队急驶上海，登陆吴淞。加上上海原来以盐泽幸一为司令官的日本海军陆战队，兵力达近 4000 人，各种舰只近 20 艘，大有战火一触即发之势。

▲上海三友实业社

为进一步扩大事端，日本驻上海总领事村井仓松 1 月 21 日向上海市市长吴铁城提出了无理的四项强硬要求。1932 年 1 月 24 日，日本特务机关派人放火焚烧了日本驻华公使重光葵在上海的住宅，诬称是中国人所为。1 月 26 日，日村井仓松总领事向吴铁城市长提出四个条件，并称之为"最后通牒"：（1）市长向日方谢罪；（2）处理加害者；（3）偿付抚恤金及医药费；（4）取缔和解散上海以抗日救国会为首的一切反日组织和团体。限 28 日下午 6 时以前答复，否则日方将采取自卫行动。

这明明是无理的要求，是为挑衅闹事寻找借口，但国民政府对日本的战略意图作了错误的判断，认为战火将迅速扩展至全国，甚至认为"国亡即在目前"（见蒋介石《告全国将士电》），政府无力与日本全面开战，所以竭力避免冲突，主张忍让。1932年1月23日，新任行政院长孙科在与汪精卫、蒋介石详商后，急电上海市长吴铁城："我方应以保全上海经济中心为前提，对日方要求只有采取和缓态度。应立即召集各界婉为解说，万不能发生冲突，致使沪市受暴力夺取。"（见《行政院急电市府避免与日本冲突》电稿）同日，军政部长何应钦亦致电吴铁城，重申"沪市为我经济中心，总以和平应付、避免冲突为是"。23日何应钦还下令十九路军五日内从上海撤防到南翔以西重新布防。于是，上海当局为了息事宁人，于28日13时45分复文村井，全部接受日方提出的无理要求，作了妥协让步，并关闭了报馆，还下令封闭了抗日救国会等。尽管如此，日寇"醉翁之意不在酒"，战事之发展仍按急欲挑起战争的日本狂人的预定之策进行着，他们决不会因上海当局的妥协而有半分收敛。1月28日夜11时5分，上海市公安局接到日方村井给吴铁城和上海市公安局局长的回信，对上海方面接受日方四项要求表示"满意"，却又以保护侨民为由，要中国军队必须撤出闸北。吴铁城接到该回信已经是夜11时25分。夜11时30分，不等中方答复，日军即向闸北中国驻军发起攻击，数十名日本海军陆战队队员突袭并占领位于北四川路的淞沪铁路线上的天通庵车站，肆无忌惮的日军开始进攻闸北，震惊中外的"一·二八"事变爆发。

◎ 顽强抗击

当时中国方面驻守上海的是国民革命军第十九路军，总指挥为蒋光鼐，军长为蔡廷锴。十九路军的领袖是京沪卫戍司令陈铭枢。十九路军的前身是北伐时期著名的"铁军"第四军一部，有着光荣的革命传统。九一八事变爆发，十九路军各部请缨抗日，被调到南京至上海一线。1932 年 1 月 4 日起，奉命守卫上海闸北、大场一带。其中第 78 师第 115 旅分布在沪宁铁路至龙华、南市一带，第 116 旅 4 团驻宝山，5 团驻大场，在闸北的只有 6 团千余人。

▲指挥淞沪抗战的十九路军总指挥蒋光鼐（中）、十九路军军长蔡廷锴（右）、淞沪警备司令部司令戴戟（左）

▲十九路军奋勇抵抗

28 日晚 11 时 20 分，中方闸北守军把日军进犯的战事急告蔡军长，蔡即刻下令予以反击。星夜，蒋光鼐、蔡廷锴、戴戟步行赶至真如车站，设立临时指挥部。

日军的攻击令是海军陆战队指挥官鲛岛下达的，以20余辆铁甲车为前导，分兵五路，从闸北各路口发动进攻，妄图凭借野炮、曲射炮和装甲车队等现代化的武器装备，迅速占领闸北。日军最高指挥官盐泽少将也狂叫"四小时解决战事"，简直狂妄到了极点。

29日零点，日军在装甲车的掩护下，连续发起猛攻，日机也由航空母舰"能登吕"号起飞，对闸北、南市一带狂轰滥炸，战火迅速蔓延。但是，战斗并不像日军估计的那么顺利，虽然我十九路军将士武器落后，但是他们斗志旺盛，顽强抗击，以集束手榴弹对付日军的装甲车，组织敢死队，以潜伏手段炸毁敌装甲车，坚守每一阵地，并在炮火掩护下适时向敌实施反击，打退日军的连续进攻。据日军自供："战斗极为激烈"，"市街到处起火，火焰漫天，战场极为凄惨"。

▲被日军炸毁的商务印书馆子弟学校"尚公学校"

日军千余人在强大炮火和装甲车掩护下，向宝山路、虹江路各路口猛烈冲击，企图占领上海火车北站。北站为上海陆上交通枢纽，其得失关系整个闸北的安危。29日下午2时，日军向北站猛攻，我守军宪兵一个连与日军激战一小时后退出北站。29日17时，第156旅主力加入战斗，进行反击，夺回北站及天通庵车站，并乘胜追击，一度攻占日军上海陆战队司令部，迫使日军退至北四川路以东、靶子路以南地区。日军首次进攻以失败而告结束。

▲第五军第87师第261旅誓师之词曰："不灭倭寇，誓不生还"，自旅长以下官佐均署名其上。

日军的重兵器在街道密布的闸北市区一带无法发挥作用，反而被中国军队炸毁战车多辆，日军陷入中国军队的重重包围

之中，几乎全部被歼。急红了眼的日军派航空母舰上的飞行队
对闸北中方防守阵地狂轰滥炸，并组织了 5000 精兵轮番攻击，
均被中国军队击退。直到 29 日，中国军队阵地仍然固若金汤，
岿然不动。

▲"一·二八"淞沪抗战中第 156 旅旅长兼要塞
地区副指挥官翁照恒鼓励部属坚守阵地，奋勇
杀敌。

　　日军进攻受挫后，英、美国领事出面调停，中日两军达成
了在 29 日夜 20 时停止战斗的协定。十九路军明知其为缓兵待
援之计，只因本军也需调整部署，同意停战。同时十九路军也
加强部署，急令驻镇江以东之第 60 师进驻南翔、真如一线，
并将第 61 师调沪，驻沪之第 78 师全部投入前线，加强防御，
严阵以待。

▲第五军军长张治中（右三）与蔡廷锴（右四）在南翔共商抗日大计

▲街垒上的十九路军战士

2月13日，日军劲旅久留米混成旅团千余人，在蕰藻浜曹家桥偷渡成功后，在永安纱厂门前被中国重兵包围，60名敢死队员实施自杀攻击，日军1600人全部覆没。日军遭受重创，一举占领吴淞的企图遂破产。2月13日深夜，日军发表声明，宣称："如有妨害本师团执行任务者，必将采取果断措施，决不踌躇。"并要求中国军队立即停止战斗行为，在2月20日午后5时前撤退……①

蔡、蒋接到日军第9师师团长植田的最后通牒后，下令前线部队向日军阵地猛烈开炮，作为对植田最后通牒的回答和警告。

日军在所谓的停战后，竭力往上海增兵。至2月16日，日本侵略军海陆空兵力已达3万余人，野炮六七十门，飞机60余架，并有舰艇数十艘集中于吴淞口。淞沪战事在逐步升级。

20日晨，植田令日军全线总攻，采取中央突破两翼卷击的战法，以第9师团主突江湾、庙行结合部，企图北与久留米旅围攻吴淞，南与陆战队合围闸北。日军先以大炮轰击，继之以步兵协同坦克部队，分两路进犯张华浜一线和杨树浦一线，均被我十九路军击退；闸北日军千余人和坦克十余辆，因触地雷，死伤枕藉。21日，植田亲自指挥步兵数千人，在飞机、大炮配合下，向中国守军阵地冲击，双方伤亡均重，战斗延至23日黎明，日军试图从江湾车站包抄江湾镇，我十九路军英勇抗击，多次冲锋，生俘日军少佐空闲升及士兵数百人。

随着日军不断增援上海，迫于各界压力，蒋介石终于派出了自己的嫡系部队张治中率领的第五军驰援上海。张治中将军

---

① 日本参谋本部：《满洲事变作战经过概要》第1卷（中译本）：中华书局1981年版，第146页。

奉命统帅第五军第87、第88两个师及税警总团、中央教导队开进了淞沪战场，担任江湾、庙行、大场一线的防务。

▲"一·二八"淞沪抗战中中国军队冲过八字桥，追歼逃窜的日军。

▲2月22日，庙行大捷中中国军队由竹园墩河岸攻敌。

22 日，日军第 9 师团倾巢出动，又向庙行及其以南阵地发起猛攻。飞机轰炸竟日不停，数千发炮弹轰击中国守军阵地。

▲"一·二八"淞沪抗战中中国军队战士用机枪射击敌机

蔡廷锴、张治中亲临前线指挥作战，孙元良旅、宋希濂旅和十九路军第 61 师三面夹击，敌遭惨败。日军精锐，伤亡惨重，我军取得了"庙行大捷"。此后数日，敌军虽不断轰击和进攻，但均被守军击退。日军遭受重创，由全线进攻转为重点进攻，再由重点进攻被迫中止进攻。至 25 日，日军第 9 师团师团长植田的总攻计划宣告破产。

这是自九一八事变后，中国抗战取得的第一次重大胜利。

但是，从"一·二八"事变爆发到 2 月下旬，在将近一个月的激烈交战中，中国军队由于坚守阵地，誓死抵抗，损失也很惨重，十九路军 3 万余名官兵伤亡过半，第五军也阵亡 3000余人。而此时日本精锐部队数万人正增援上海，加上日军上海原有的兵员，总兵力已达到 13 万人，外加军舰 80 艘、飞机300 架，战斗力骤增。期间，日军四易主帅，指挥官由海军少将改由海军中将担任，最后以陆军大将、前陆军大臣白川义则

▲3月1日，教导总队和部分冯庸义勇军奋勇抗击在七
丫口、杨林口等地登陆的日军。

担任，兼以海军、空军、战车助战。而当时中国守军总兵力不
足5万。从2月25日到3月2日，日军展开了全面的进攻，在
装备远远差于日军精锐的情况下，中国军队苦战一个月，伤亡
严重。由于寡不敌众，中国军队已力战到了最后的极限，并形
成腹背受敌的局面，无奈最后只有放弃淞沪近郊阵地，向昆
山、福山一线转移。

◎《淞沪停战协定》

上海抗战发生后，南京政府采取"一面抵抗，一面交涉"
的政策，在抵抗之际，又照会欧美各国和国联，要求"履行其
条约之责任"。由于上海战争直接威胁到各国利益，因此，迫
使他们采取比对待九一八事变稍显积极的态度。正因如此，在
上海战争过程中，由英、美、法出面奔走的"调停"一直

不断。

事变第二天（29日），驻上海的英美领事即出面调停，中日达成停战三天的口头协议，但实际上日军并未停止进攻。2月2日，英、美、法、意、德五国各自照会中日两国，"提议停止冲突"。3月3日，国联在日内瓦召开紧急会议，要求中日双方在上海停战。紧接着负责日军在上海作战的白川义则由于惧怕重蹈前两任指挥官被撤职的覆辙，也假惺惺地于3月3日发表了所谓的停战声明。3月6日，十九路军也发布了停战《布告》，至此，双方进入休战状态，"一·二八"淞沪战役降下帷幕。

由于日方言而无信，不愿完全撤兵，直到5月5日，中日双方才在英、美、法、意等国的所谓调停之下，签署了《淞沪停战协定》。

《淞沪停战协定》是中日双方代表在上海的英国领事馆签订的，其主要内容如下：

第一条　中国及日本当局，既经下令停战，兹双方协定，自中华民国二十一年五月五日起，确定停战。双方军队尽其力之所及，在上海周围停止一切及各种敌对行为。关于停战情形，遇有疑问发生时，由与会友邦代表查明之。

第二条　中国军队在本协定所涉及区域内之常态恢复，未经决定办法以前，留驻其现在地位……

第三条　日本军队撤退至公共租界暨虹口方面之越界筑路，一如中华民国二十一年一月二十八日事变之前。但鉴于须待容纳之日本军队人数，有若干部队，可暂时驻扎于上述区域之毗连地方……

第四条　为证明双方之撤退起见，设立共同委员会，列入与会友邦代表为委员。该委员会并协助布置撤退之日本军队与接管之中国警察间移交事宜，以便日本军队撤退时，中国警察立即接管……

第五条 本协定自签字之日起，发生效力。

另外，协定的第二、第三、第四条，均有附件。"附件第一号"规定了中国军队驻扎的具体地点。"附件第二号"规定了日本军队驻扎和可以使用的地区。"附件第三号"规定了"共同委员会"的组成。中国代表对于中国军队留驻其现在地位一点，声明"双方了解本协定内，对于中国军队在其领土内之调动，并不含有任何永久之限制"。对于"中国警察立即接管"一点，声明由中国自动设置特别警察队接管。

除协定的正文外，会议记录中还有对中国最致命的所谓三项谅解：一是中国政府同意取缔全国的抗日运动；二是十九路军换防，调离上海；三是中国同意在浦东和苏州河南部，以及龙华对岸之若干地区不驻扎中国军队。

从以上协定的条款和附件中，可以清楚地看到，《淞沪停战协定》的签订，是国民政府对日妥协、退让的产物，对中国是极其不利的。日军无端进犯上海，这是强盗行径，本应给予痛加斥责，追究其责任，并由其赔偿损失。可是在协定上只字未提，反而使中国在上海及其周围地区丧失了驻军权，任由日本在上海的势力进一步加强，这实际上是承认了日军可以长期留驻吴淞、闸北、江湾及南翔等地。这个在国联调停下所签订的协定，为哪家说话、撑腰，又为哪家利益考虑，是显而易见的。

协定签订后，全国舆论哗然，纷纷谴责国民政府对日屈膝退让。全国人民群情激昂，极力反对，民众团体联合会通电坚决反对这项屈辱协定，称它"限制华军，破坏主权完整"，"局部停战，适中敌人诡计"，"屈辱妥协，丧失国际同情"，"对外屈辱，对内造成惨祸"，等等。代表中国签订这一协定的国民政府外交次长郭泰祺在会见愤怒的民众时，遭到了责骂和痛打，导致其受伤住院。

抗日将领冯玉祥在徐州养病，当他得知《淞沪停战协定》签订后，明确表态这是丧权辱国，慨然叹曰："丧权辱国之事我必反对，坚决地反对！即使病愈，亦不到南京去！"

协定签订的翌日，萧佛成、李宗仁、陈济棠立即通电反对汪精卫、蒋介石签订《淞沪停战协定》。陈友仁也批评说，实际上协定是"胜利属于日方"。5 月 21 日，国民党监察院院长于右任以《淞沪停战协定》未送立法院审议即擅行签订为由，要求国民党中央监委弹劾行政院长汪精卫。上海各团体联合会于 24 日通电指出："我全国民众，誓死抗日，而汪精卫誓死媚日，竟敢冒不韪，居之不疑。"对其"即加卖国之名，岂得为过。"向汪精卫发出了警告。总之，《淞沪停战协定》的签订，由于它丧权辱国、出卖主权的条款，遭到了全国上上下下一片斥责声。

在"一·二八"淞沪战役中，十九路军和第五军将士同仇敌忾，用低劣的武器装备与训练有素的日军进行了近一个月的顽强拼搏，誓死抵抗外敌的入侵，为捍卫祖国的主权和尊严，流血牺牲，他们所表现出的英雄气概和民族精神是应该大加褒扬的。可是蒋介石在使中国人民蒙受了耻辱的《淞沪停战协定》墨迹未干之时，于 5 月 21 日对"违令"抗日的十九路军加以"整肃"，然后实行肢解，令其所部三个师分别调往武汉、南昌和安徽。十九路军官兵在全国各方面的支持之下，据理力争，才免遭分割肢解的厄运，被整军调往福建。对参加淞沪抗战的第五军将士，蒋介石也于 5 月 7 日下令命他们复员。这是中国抗战史上的一场悲剧，是蒋汪政权一手造成的。

《淞沪停战协定》的签订，使日本侵略者取得了战略的主动权，日军将其力量投向新的方向，继续扩大侵华战争。《协定》签订之后，在上海的日陆军主力第 14 师奉日本参谋总长的急令，迅速调往中国东北，列入日本关东军的序列，对中国的抗日军民进行"讨伐"，加强了对中国东北的进攻力量。

《淞沪停战协定》的签订，标志着"一·二八"淞沪战役的正式结束。虽然淞沪抗战最后由于国民党政府的阻挠干涉及对日屈膝妥协而失败，但是中国十九路军和第五军的广大官兵所表现出的高昂抗日爱国热情和英勇牺牲精神，以及中国军民在淞沪抗战中不畏强敌的战斗意志，在中国抗日战争史上留下了光辉的一页。正如宋庆龄所指出："人皆以中国此次战争为失败，实则中国在精神上完全胜利，日本所得者仅物质之胜利而已。得精神胜利之人民，必日益奋进于伟大光荣之域，得物质胜利者，只日增其侵略与帝国主义之野心，终于自取覆灭而已。"美国著名记者埃德加·斯诺也评论说："对中国人来说，这次军事失利却是一次惊人的精神上的胜利。"

声势浩大
上海抗日救亡运动兴起

淞沪战役爆发时的上海，已是一座国际化大都市。这样一场腥风血雨的激战，自然也引发了国际舆论巨大关注，各大媒体竞相报道。

◎ 日军给上海造成的灾难

从 1 月 28 日至 3 月 3 日的三十六天中，日军的狂轰滥炸，给上海造成了极大的灾难。上海市区包括闸北、吴淞、江湾、引翔、殷行、彭浦、真如等地被日军占领的面积就达 494.78 平方公里。受害人口达 18 万户，占全市华界人口的 45%。闸北、吴淞、江湾等地被炸成一片废墟，上海各大媒体上出现"极目四望，但见一片残垣断壁"，"瓦砾成堆，尸横遍野"的报道。战区内 579 家工厂，损失者达半数以上，1.3 万多家商店损失 70%，大中小学校受灾 238 所，建于光绪三十年的商务印书馆所属东方图书馆积数十年所收藏的孤本、珍本、善本及地方志等图书 46 万余册全部化为灰烬，闸北至江湾十余里大火竟日不熄，民房损毁 80%。据当时统计：全市工厂、商店、住房等损失计 16 亿元，市民死 6080 人，伤 2000 余人，居民逃难，流离失所不计其数。

▲ "一·二八"淞沪抗战中东
方图书馆被炸

▲ 战火中的闸北

▲ 断壁残垣的虬江路

▲ 支离破碎的天通庵路

◎ 以上海为中心的抗日救亡运动兴起

"一·二八"事变爆发后，十九路军奋起抵抗，军长蔡
廷锴在《密勒氏评论报》上的讲话掷地有声："每一寸土地
上都沾有中国人的血，我们绝不会轻易放弃，白白让给日本
人。我们只要还有一个人、一颗子弹，就要坚守在这里。我
们为独立而战。哪怕日本攻占上海的野心一时得逞，我们退
到了黄河边，仍还不是战争的结束。最后的胜利必定属于
我们！"

但十九路军由于不是蒋介石嫡系，部队供给远远不足。战
役开始前，中央政府共拖欠十九路军八个月 600 余万的军饷。

1 月底的上海，天降大雪，十九路军几乎没有棉衣，将士身着单衣，短裤露膝，在冰天雪地里作战。不仅衣物没有，武器装备更是不足，尤其战役开始后，手榴弹明显供应不上，中央政府不予回应，却屡次发电，要求十九路军不得抵抗，撤到二线阵地。蒋光鼐不同意，并且下定了决心要抗命。何应钦下令，如果开战，"十九路军兵源充足，有足够实力，上海附近部队不得增援！"

然而，淞沪抗战得到了社会各界的全面支持。中共上海地下党组织、上海市总工会第一时间发布了抗日总同盟罢工的命令，强烈抗议日本侵略暴行，并发动了上海日厂 10 万工人的大罢工，在日本人在上海开办的工厂、机关、洋行、商店、住宅工作的中国工人长期罢工或离职，坚持了一个半月之久，使日本在沪的绝大多数企业陷于瘫痪或半瘫痪状态。同时组织了上海各界民众的抗日联合会，吸收广大民众积极参加，出版《反日民众》等报，大力宣传抗战政策，极大地援助了中国军队和市民的抗战。

上海社会各界民众以多种形式支持中国军队的抗战，开始形成声势浩大的抗日救亡运动，给中国军队以极大的支援和鼓舞。

上海工人群众热烈捐献，踊跃支前，纷纷组成义勇军、敢死队、救护队、运输队，或直接参加战斗，或开展战地服务工作，救护伤员、运送弹药、递送情报，据不完全统计，仅在十九路军中担任义勇军的就有 2 万多人。上海各界民众积极参加支援前线的各种工作。兵工厂工人日夜赶制军火，支援前线。中国守军急需大批手榴弹时，上海总工会即募集了数万只空烟罐，赶制成土炸弹运往前线。2 月初，日军飞机、舰炮轰击吴淞要塞，上海工人送去上百块大钢板，供守军构筑掩蔽体。上海和全国民众一起广泛开展捐献运动。在淞沪抗战中，海内外民众捐给十九路军款项达 700 余万元，这对前方作战、军需供应起了非常积极有效的作用。

"一·二八"淞沪抗战爆发。宋庆龄当即主张"积极抵抗到底"。她亲临前线，慰问浴血奋战的十九路军爱国将士，率先发动"捐制棉衣运动"，仅五天便赶制了 3 万多套棉衣送往前线，创办了"国民伤兵医院"。在宋庆龄的爱国义举感召下，短短一个多月，上海各界人士开办了 70 多所伤兵医院。各种慰问品源源不断送到前线，有力地支援了淞沪抗战。

一些地方士绅、国民党知名人士及各界群众，全力声援十九路军的奋勇反击，纷纷捐助食品、棉衣及前线迫切需要的交通工具、通信器材、工事物资、医药用品；救治伤病员；赶制全新棉衣棉裤送往前线，给全军将士御寒。人民的热情支援，使十九路军全体将士受到巨大的鼓舞。

▲ 宋庆龄、何香凝等慰问前线将士

▲上海民众向抗战将士捐赠的物品

1932 年 2 月 4 日，《文艺新闻》战时特刊第 2 号《烽火》上公开刊登上海文化界进步人士鲁迅、茅盾、叶圣陶、郁达夫、丁玲、胡愈之等 43 人联名发表《上海文艺界告世界书》，坚决抗议日军的侵略暴行。鲁迅积极捐款资助，并与茅盾、田汉等著名作家联名发表宣言，坚决反对法西斯侵略战争。

▲鲁迅抨击日本军国主义侵略和国民政府不抵抗政策的部分文章
（《天上地下》《文章与题目》等）

政府防御　不让悲剧重演

1932 年"一·二八"淞沪战役结束后，为了防止日本帝国主义再从上海进犯，重蹈"一·二八"战役失败的覆辙，不让悲剧重演，国民政府即着手构筑国防作战防线，制定国防作战计划，以宁沪为核心准备抗日，争取来日战争的主动权，随时准备反击来犯之敌，捍卫祖国的主权和尊严。

◎ 筑成三道国防作战线

鉴于"一·二八"淞沪战役的教训，国民政府意识到必须构筑坚固的国防工事，以抵御日军的突然袭击，做好"不打无准备之仗"的思想和行动的充分准备。国民政府从 1933 年起就开始拟订在沪杭一带构筑国防工事的方案和具体设想，后又经过进一步的实地考察，不断修订最初的方案，最后从大的防御范围来考虑，决定修筑京沪、沪杭和南京三道防御阵地的防线。

一、方案初定

最初杨杰提出了"京沪杭设防方案"，但这个方案范围划分得过大，特别是对南京采取闭锁式设防，即采用堡垒团构筑形式，显得陈旧、过时，类似古代的城防作战，以守为主，实为阵地战。因在当时的条件下，中国军队还不宜对敌进行持久的消耗战，所以，这个方案未被采用。

紧接着德国顾问经过实地考察，又提出了一个防御方案，但因当时中日战争正在进行，中国财力有限，无法实施，也被迫束之高阁。稍后，国民政府军事委员会参谋部李青（曾任城塞局长）等人，三番五次在京沪杭一带考察，最后几经研究，提出了一个较为合理，又切实可行的方案。后来，国民党政府从1934年到1936年，花费三年时间所构筑的国防工事，基本上是按照这个方案实施的。

国民政府之所以最后采用李青等人的方案，是看中了该方案的实用性和可操作性。因为当最初研讨这个方案时，就对日军可能进犯的地点、路线和方向等各个方面，进行了深入研究和具体分析，对日本海、陆、空三军的进犯也都作出了切实的判断，认为日海军可能由长江和杭州湾来犯，空军由上海袭击南京及其周围的一些大城市，陆军则很有可能由上海附近口岸一带及其杭州湾北侧登陆后，分两路西进，直逼南京。通过一系列的详细分析后，李青等人把京沪杭划分为京沪、沪杭和南京三个防御地区，其中把京沪地区作为防御重点，先行构筑工事，并配备重兵防守。

二、三个防御区阵地的选择

京沪防御区。在京沪防御区内，交通极为便利，有沪宁铁路，京沪公路和长江三条水陆交通干线。从军事上来说，这很有可能是将来日本海军和陆军协同作战，向西进攻首都的三条主要路线，所以应在这些路线上选择有利地点加强防守。这个地区北有长江，南有太湖，其中间地带湖沼绵亘，河流纵横，形成水网区域，是日军坦克、大炮等重兵器前进的天然屏障，有利于防守而不利于进攻。这一地带还有虞山、定山、惠泉山等许多高地分布于苏州、常熟、无锡、江阴附近，地势险要，这就给构筑防守工事提供了有利条件。

通过分析对比后，选定吴福线（苏州至福山）和锡澄线（无锡到江阴）为这一地区的主要防守作战阵地，而且还在这两线阵地的前后分别设置后方阵地和前进阵地。后方阵地设在常州—石庄一线，左有长江，右有湖可为依托，而两翼侧面还有较为可靠的保障。这一线的地势虽不险要，但阵地正面对中方较为有利，便于预备队兵力集结，运输也较为方便。后方兵力的增援和物资的补给供应，有铁路、公路和长江水路的运输线可资利用。前进阵地则在昆山附近选择险要之地进行构筑，以青阳港和附近河川为障碍，在此适量构筑了一些永久性和半永久性工事，驻兵防守。在昆山以东及上海附近，则临时设置警戒阵地。

沪杭防御区。在沪杭防御区内，有沪杭铁路、公路和杭州湾水路，如果日军在杭州湾登陆，海陆协同作战，就可利用这些交通线向西推进。因此，中方拟在乍浦、澉浦、拓林等海岸上选择险要之点，构筑永久性的防御要塞，以防日海军陆战队在此一带登陆。在沪杭铁路线上，以嘉兴为策应枢纽，中方配备了相当的兵力在此防守，以免日军利用这条交通线。因嘉兴南有杭州湾、西有太湖、中间地带为水网区域，日军大部队不易活动，而且天目山横阻于太湖与钱塘江之后，可有效地阻止日军炮兵和机械化部队向我阵地后方进犯。和京沪防御区相比，虽然这个区域处于次要防御的地位，但是为了与京沪防御区吴福线和锡澄线阵地相衔接，在这里选择了乍嘉线（乍浦经嘉善至苏州）和海嘉线（海盐经嘉兴至吴江）为主要阵地，并在两线阵地前后也分设了后方阵地和前进阵地。后方阵地选定在杭州至湖州一线，两翼有太湖和钱塘江为依托，前面是水网地带，不利于敌军机械化部队推进而有利于我军防守。整个后方阵地背靠天目山脉，对敌军来说，是一座天然屏障，对于中国军队来说，是一道坚固的防线。但是由于后方除了山地，就是水网湖泽，交通条件相对较差，对阵地的物资运输不十分便利。这个区域的前进阵地选定在全公亭至枫泽镇一线，然后在此线上选择几处险要之地筑成据点，据点前虽然也有纵横交错的河川，但是与其他水网地带相比，它阻止敌军的障碍作用就相对小一些。所以，预定在前方构筑一个警戒阵地，与京沪防御区警戒阵地相互策应。

南京防御区。南京是一座"虎踞龙盘"的石头城，依山傍水，地势险要。但由于铁路、公路、水路交通十分便利，战争中容易受到敌军的包围，成为一座孤城。因此，对南京区阵地的选定，首先要不易被进犯之敌包围，其次是即使被包围，也要能在独立进行作战的条件下，打破敌人的包围，或者能够歼敌于阵地前和阵地内。基于这一点，遂决定在南京城外构筑外围阵地和复廓阵地，并在外围阵地前设置警戒阵地。外围阵地选定乌龙山、栖霞山、青龙山、淳化镇、牛首山、大胜关一线，两翼依托长江天堑，形成一弧线阵地，并以东南为阵地的主要防御方向。复廓阵地以南京城墙为内廓，在环城外选定紫金山、麒麟门、雨花台、下关、幕府山要塞炮台一线为外廓阵地，形成城内城外两线互相作用，内线便于支援外线，外线可以保护内线。在城内，以北极阁、鼓楼、清凉山为界，划分为两个守备区，并以清凉山高地为核心据点，构筑成坚固的防守工事。此外，还在长江北岸的浦口，构筑桥头堡阵地，以封锁渡口。警戒阵地选在后头山、大连山、湖塾、秣陵关、江宁镇一线，虽离外围阵地较远，但可使其有充分时间做好战斗的准备。

综上可以清楚地看到，国民政府所采用的这个方案是适用的，备战的态度是积极的，划分的三个防御区阵地也是合理的，论证是严密的，也是从实际出发的。这就为下一步的工程设计和具体实施，打下了良好的基础。

三、防御区阵地的编成及其设计

方案确定之后，进入了具体实施阶段。首先面对的是上述三个防御区的编制问题。在以上的三个防御区阵地中，最重要的首推吴福线和锡澄线，其次是乍嘉线和海嘉线以及南京外围阵地和复廓阵地。这些阵地的编制，主要采取以步兵营为单位，并分重要地段或次要地段，重要地段一般以团为单位，次要地段一般以连为单位。

对于每一个阵地来说，都是每个地区最重要的组成部分，因此必须构筑起永久性和部分半永久性的军事防御工事，并尽量利用地形地势和天然屏障，辅以人工修筑的掩体或障碍物作为掩护，使其成为较为坚固阵地和易守难攻的战斗堡垒。因此到战争开始前后，再构筑大量的野战工事，以适应作战的需要。

当时每个步兵营是由三个步兵连、一个重机枪连、一个迫击炮连编成。每一个营阵地包括三个连阵地，每个连阵地又包括三个排阵地。各阵地一般都分第一线阵地和预备阵地，形成纵深的梯次配置，并成为一个严密的战斗整体，既有利于战斗行动，又能独立持久地进行防御战斗。

无论是营阵地，还是连阵地，都必须构成环形防御，使各阵地之间能够互相配合，构成交叉火力网。在每个营阵地内，须构筑有轻重机枪、战防炮、迫击炮等不同用途的工事，还要有观察所、掩蔽部、弹药库和散兵壕、交通壕以及掩体物等。其中的轻重机枪和战防炮工事、观察所、掩蔽部、弹药库都作为重点，必须建成坚固的永久性的工事。

每一个基层战斗单位的编成和武器弹药配备，每一个工事的修筑以及阵地之间的相互配合和互为作用，策划者都一一想到了，其构思是严谨的，用心也是良苦的。

在三个防御区阵地构划之后，紧接着是进行设计和付诸实施。这些永久性工事的设计任务，交由参谋本部城塞组（后扩充为城塞局）负责，中央军校和工兵学校也参加了一部分工作。另外，还聘请了德国顾问林克等参与指导和设计。

当时对工事的设计都制定了标准，例如主要阵地的筑城强度，以能抵抗 15 厘米口径的炮弹和 500 磅炸弹为标准。对地下工事，以能抵抗 1000 磅以上炸弹为标准。建筑材料以钢筋水泥为主，顶和墙都有一定的厚度。

重机枪阵地工事有正射和侧射两种类型。正射工事有一间战斗室，射孔采用外"八"字形，一般成 90°开口。工事的顶部和前、侧墙的厚度，均为 1 米左右。而侧射工事除战斗室以外，还有一间小寝室，射孔为内"八"字形，成 70°开口，也有呈外"八"字形，成 60°开口的，其墙的厚度较正射工事稍薄一些。

轻机枪工事也有两种类型，分单射孔和多射孔。单射孔工事只有一间战斗室，射孔是外"八"字形，成 90°开口，盖顶和前墙厚度约 1 米左右，侧墙和后墙则较薄。多射孔工事有战斗室和寝室两间。战斗室有三个射孔，均呈内外"八"字形，正面的射孔成 100°开口，两侧则成 50°，墙体四周均较薄。另外还有战防炮工事、观察所工事以及掩蔽部和弹药库工事，其形状大同小异，只是作用不同而已。

以上所述工事，虽担负的任务不同，但各工事内部均有射击台、床铺及弹药架等必要的作战和休息设施。这些工事的共同特点是：体积小，便于选择位置和伪装，结构简单，施工方便，是在当时德式筑城工事的基础上稍加改进而建造的。

四、工事建筑的大体经过

各阵地工事设计完毕之后，从 1934 年至 1936 年，在三年时间里，分期分批进行施工，先后投入了四个步兵师和独立工兵第 1 团、工兵学校练习队以及宪兵团等部队。由于技术上的需要，还向上海的一些工厂借用了许多熟练的工人参加施工。到后来这些工人大多编入了各工兵团和各步兵师，直到完成了吴福线、锡澄线、乍嘉线、海嘉线和南京阵地工事的所有建筑。

到 1935 年的下半年，各地修筑的工事半数以上已经完成。这时组织有关人员对所有施工情况进行视察，发现问题，提出修改意见。在视察中也发现了一些管理上的漏洞，主要是缺少相应的管理制度。例如，工事修好后钥匙多交当地分公所或镇公所负责保管，有的交给保长保管，长时间无人过问。当视察组到当地索取钥匙时，有的锁已生了锈，半天打不开工事的门。在这种状况下，一旦有战事发生，后果是不言而喻的。以上这些情况视察组都提出了改进意见，并回南京后向有关单位作了汇报。

到 1936 年底，经过三年的施工，各主要阵地的永久性工事基本上按照预定计划完成。另外，在水路方面，于乍浦、澉浦建立了小要塞，对江阴要塞也作了必要的加强和改进。除加强要塞的火力外，该要塞的范围也扩展到长山、定山附近，并放置了大炮，这样既可分散目标，又有利于要塞的掩护，还能扩大炮火射击的范围。在沿江地面敌人可能登陆的地方，均增设了防守阵地，以阻敌人登陆。

综观国民政府所修筑的三道国防作战线，可以说是层层设防，相互作用。这充分说明了国民党政府为了不使"一·二八"悲剧重演，在抗击日本帝国主义侵略者方面，还是作了认真而积极的防御准备的。

◎ 制定国防作战计划

国民党政府一面加紧构筑国防备战工事，一面着手制定大的作战计划，充分作好反侵略战争的准备工作。

1935 年秋，正当国防工事还在紧锣密鼓的施工之中时，中国最高军事当局就着手制定了一套完整的《国防作战计划》，其主要目的就是阻止日本日益扩大的侵华战争，这个计划虽然是针对全国抗日形势而言，但其中很重要的一部分是宁沪杭地区。

《国防作战计划》是军事委员会委托铨叙厅厅长林蔚主持制定的，其总的精神是："为保全国土的完整，维护民族生存起见，应拒止敌人于沿海岸及平津、张北之地区，作韧强之抗战。随战争之推移相机转移攻势，将敌人歼灭之。"将当时华北、华东等地区的察哈尔、河北、绥远、山西、山东、江苏、浙江、福建及广东九省划为抗战区，其中又进一步划为六个防卫区，规定："各防卫区如遇敌人袭击，应尽全力抵抗以保国土"，"在抗战初期，各区应按预定计划在统一指挥下，尽力拒敌人登陆或侵入内地"。计划还明确规定：在郑州、开封、徐州、海州和宁沪杭一带设置防御。郑、汴、徐、海地区由刘峙负责，宁沪杭地区由唐生智具体负责，并在中央军事委员会内设一执行部，具体操作这些地区的有关事务。

宁沪杭地区是当时中国政治、经济中心所在，又拱着首都南京，是重中之重，需加强防范。为此，在宁沪杭地区内又分三个分区：（1）南京分区（南京至镇江），由南京警备司令谷正伦负责。（2）沪杭分区（浙江沿海至黄浦江以东），由张发奎主持，并在嘉兴设立苏浙边区司令部。（3）"京沪"分区（自无锡、江阴至上海），由张治中指挥。并计划以湖南全省和安徽南部、江西北部驻军为京沪杭地区的后援部队。

《国防作战计划》紧紧围绕宁沪这个核心，计划中详细规定，在浙江方面，"驻江南部队应集结于京沪线及首都附近，一面任淞沪方面之增援，并相机扑灭上海之敌势力，一面防止长江内敌舰之侵扰，以维护首都的安全。海州、吴淞、乍浦、澉浦、镇江、海门、温州等地各配置海岸守备队以防止敌之登陆。"从以上这些具体的计划内容来看，中国方面对于防御日军的侵略是有较全面考虑的，尤其是对宁沪地区特别重视，这从《国防作战计划》中，可以明显地得到印证。

1936 年张治中向国民政府最高当局建议，在全国划定的几个防御区中，要以宁沪为核心着手准备抗日工作。因他的建议是与最高当局的意见相吻合，所以很快被采纳。根据当时对日作战的需要，宁沪杭一带划分为京沪警备区，由张治中任警备司令，其所属的第九集团军，驻苏州河以北沿黄浦江地区；张发奎的第八集团军，驻苏州河南与浦东地区。张治中上任后，积极着手备战的各项工作。

除了制定作战方案以外，国民政府还组织了一些战术演练。例如 1933 年春天，陆军大学第十期学员在嘉兴、乍浦一带作战术训练，研究敌军登陆及我军的防御方案。1935 年，又在南京以南的句容、丹阳地区举行国民政府成立以来第一次大规模的对抗演习，由张治中、谷正伦任东西两军军长，进行准备抗日的战术训练。

苏州留园　中央军校办事处

　　1936年初，张治中将军出任京沪警备司令一职后，即积极准备该地区的抗战工作。他先在陆军军官学校（习称中央军校）内设立了一个"高级教官室"，专门主持制定"京沪分区"防御及实施计划。为严格保密起见，"高级教官室"迁往苏州留园办公，改名为"军校野营办事处"，并分设政治、军事两个组，陆续对沪宁间各重要地区进行具体调查，对防御作战的兵力部署、指挥系统、防线设置、兵员补充、后勤供应，甚至民众的发动、舆论的准备等方面进行调查研究，制定具体的方案，积极备战。

▲陆军军官学校

◎ 成立"高级教官室"，着手战前准备

张治中在中央军校成立的"高级教官室"，实际是宁沪地区的抗日秘密指挥部，这在当时的条件下，是不能公开进行的，只能秘密地工作。

中央军校是个教育机关，张治中当时是该校的教育长，所以，他就在学校东大楼自己的办公室旁边，设置了这个"高级教官室"作为掩护，并选调了一批干部筹划这个工作，由军校教育处长徐权具体负责。张治中把从军校选调来的工作人员，武的派往参谋处，文的派在秘书处，并对所有的工作人员制定了严格的规定：绝对不许对外泄漏工作的机密。

机构设立之后，首先决定了两项主要工作，一是国防工程的建设，一是民众的组织和训练，并先后派人分别到京沪区各地去考察，力求掌握大量的第一手材料。

根据调查研究和综合分析，张治中及所部认为日本发动侵华战争，上海必然是战场之一，不能重演九一八和"一·二八"被动挨打的悲剧，应在敌方发动战事以前，主动出击，先发制人，彻底摧毁日军在沪的军事据点，然后封锁海岸，确保宁沪地区的安全。

实际上，张治中的京沪警备司令部和他的"高级教官室"是密不可分的，在某种意义上说是一体的。张治中作为京沪警备司令，还负责指挥第 36 师宋希濂部、第 87 师王敬久部、第 88 师孙元良部及独立第 2 旅钟松部，进行京沪线的防务及吴福、锡澄两据点工事构筑工作。这些部队在张治中将军的教育及熏陶之下，八一三淞沪抗战爆发时都进驻上海，在会战中发挥了骨干作用。

当时的淞沪警备司令部，也是归南京军事委员会及京沪警备司令张治中指挥。淞沪警备司令部驻在龙华，司令是杨虎，但是当时只能间接指挥上海市保安总队长吉章简的两个团、警备局的警察、虹桥机场的守备连及各县的自卫队。虽然设有作战部队，但兵力非常单薄，司令部编制又小，张治中及时对司令部充实了力量，使其具有一定的战斗力。

除此之外，京沪分区的参谋机构在1936年到1937年间还组织了几次从苏州到上海的长江沿岸的考察，设想可能发生的各种情况，研究了这一地区的作战方略。政治工作方面，在苏州、无锡、江阴、常熟各县，利用暑期集训学生，并训练了一些民兵。京沪分区和淞沪警备司令部还想在以上海江湾五角场为中心的市区，秘密设置阵地工事，防止日军在黄浦江的登陆，但还没来得及按照计划全部实施，八一三战役就爆发了。

京沪地区还增设了苏州至嘉兴的铁路，名义上是为缩短京杭距离，实际上是为战时部队调动方便，后来该铁路在淞沪抗战中确实发挥了很大的作用。为了准备运输，还协同京沪铁路在有关车站增添了便于军队及坦克运作的设备。

◎ 紧张的留园，将平时当作战时

"高级教官室"成立之后，为了不引起人们的注意，张治中把它从南京搬移到苏州。起初进驻比较偏僻的狮子林办公。日后机构不断扩大，工作人员不断增多，狮子林容纳不了，遂搬师留园。在移迁留园时，张治中觉得"高级教官室"这个名义不能掩护工作的积极展开，对外名义即改为"中央军校野营办事处"。

▲留园

因这个组织的成员大都是从中央军校选调来的，大都有军人的作风、军人的气质。张治中把这个机构学校化，实行很有规律的作息制度。他按照学校的一套教学、研究方法，常常召集参谋人员研究一些问题，作出一些决定。从上到下，从下到上官兵和睦相处，互相帮助，关系密切。他们十分注意理论联系实际，经常派出一批又一批的人到淞沪线、吴福线、锡澄线一带实地侦察，测量、绘制地图等。这些人回来之后，要完成战术作业和初步的作战方案，并结合实际情况，充分利用地形地物等有利条件，开始构筑淞沪线、吴福线和锡澄线一带的小炮、机关枪等据点工事。而且每一项工作，都要在种种困难的情况下，秘密地进行。特别是在上海，敌人耳目众多，为了不使敌人知晓，必须采取巧妙的掩护手段来进行工作。

为了加强军事上和政治上的密切联系，增强政治和军事的研究工作，张治中又设置了军事研究委员会和政治研究委员会两个附属机构。两会的职能是搜集有关军事和社会科学的学术材料和情报，研究国内外军事、政治、经济、社会、外交、文化各方面的情形，为有关领导和部门提供咨询服务。首先从留园工作的人员中选择了一些有研究能力者，补充到研究委员会，又从别处聘请了几位有专门学识的人担任研究工作的重任。

1936年秋，日军在上海制造紧张局势，借故增兵。张治中认为形势进一步恶化、严峻，立即将第36师由无锡推进至苏州附近，第87师由江阴推至常熟、福山一带，原在南京的第88师推进至江阴、无锡，并秘密设计扩充上海保安总团。

除此之外，由于张治中对京沪一带的情况了如指掌，鉴于当时的形势变化，他于1936年9月23日向国民政府提出如下几条建议：

一、请将本分区作战必须之部队，密令配拨，以便指挥。

二、请即令饬通讯主管机关，建设京沪分区军用电话及指定地方长途电话，在战事发动后之使用权。

三、请将京沪铁路及锡沪公路之车辆尽量控制于无锡以西各站、昆山支塘以东及上海附近。所有船舶，请密令各县尽量诱至吴县、常熟附近，以利我军运输，且免为敌所利用；并将本区各县船舶车辆明定统制管理办法，俾得于军事运输适时利用。

四、请于本区中预定作战地区各要点，囤积必需粮秣，以供军食。

五、请将阵地内已由驻军筑成路基之各路桥梁涵洞，迅予建筑。

张治中的意见递交上去以后，南京国民政府迟迟没有答复。他又焦急又生气，于十几天之后的10月4日，再次向国民政府陈述意见：

甲、上海为我经济重心，系世界视听，我沪上武力仅保安一团，守土匪易。在事变之初，必先以充分兵力进驻淞沪，向敌猛攻，予以重创，至少亦须保持我与租界交通，取攻势防御。若自甘被动，占苏福线或锡澄线，亦属非宜；若迎战不能一举破敌，又不能持久支持，则使国人回忆"一·二八"之役，薄现在中央军之无能矣。

乙、为达成上述任务，须有兵力六七个师，以四至五个师任淞沪正面，两师控制浏河、福山、常熟一带。如此，在淞沪附近作战当可支持三个月以上。除现有第36师、第87师、第88师三个师外，请再调三至四个师来沪。

丙、大局至此，无论外交如何，似应以决心抗战积极准备。惟各方面仍不免空泛、纡缓、推诿，使部属无所秉承，如徒有作战计划，迄今毫无准备，即其例也。

从这几个月来，日军在上海的动态，推测中日形势，今后可能更趋恶化。中方为了应付万一，于十一月初，下令进行下列部署：

（一）令第36师、第87师在苏福线上一面警戒，一面继续构筑工事。

（二）令第88师接防锡澄线阵地。

（三）以地方团队担任沿江防务。

（四）以各县警察为监视哨。

（五）令江苏保安第4团分驻浏河、梅李镇、牌头镇等处，为东自浏河附近西迄大港镇地方警察各监视哨后方之支援。

（六）成立太湖水警联防处，任太湖水上之警备。

通过以上所陈述的具体意见，我们可以清楚地看到，在国家生死存亡的危急关头，作为一个爱国将领，张治中将军急国家之所急，想国家之所想。若没有对淞沪地区各种情况的掌握，没有对部队及地方抗日力量的了解，没有对敌我双方形势的深入分析，他就不能对各种利弊关系作出如此精确的论述，从而也就不会有高屋建瓴的真知灼见。他那力透纸背的慷慨陈词，字字珠玑，掷地有声，每一句都讲到了点子上。张将军那热爱祖国的一片赤子之心，满腔热情，跃然纸上，令人敬佩，令人仰慕。

为防不测，张治中还提议派一加强旅伪装成保安队进驻上海虹桥地区、龙华西飞机场，加强警戒；又令一团化装为宪兵，开驻松江。再调江苏保安第 2 团接替浏河方面江防的警戒，将原保安第 2 团集结太仓附近，担任岳王市、梅李两区的防务。

京沪警备司令部还与上海市合作，在市区布置了防御工事，以阻止日军由黄浦江登陆。七七抗战后，张治中又提出立即封锁长江水道，围歼长江上游日舰的计划。总之，张治中与他的留园智囊团，在淞沪会战前夕，做了大量的、具体的、深入细致的工作，为淞沪抗战中"先发制敌"奠定了一个良好的基础。

战事逼近　山雨欲来风满楼

1936 年，中日关系日趋紧张。1937 年七七卢沟桥抗战以后，随着日军侵华战争的不断升级，日军在上海的行动更是咄咄逼人。

◎ 日军不断寻找借口，挑衅滋事

中日战争全面爆发后，日方在华中华南地区首先采取的措施是撤退侨民。由于驻防区域及掩护侨民撤退，日本海军在我国沿海地区及长江中下游水域异常活跃起来，并以青岛及上海两地为据点，开始参与侵华战争。

1936 年八九月间，日军就在上海方面制造紧张局势。9 月 23 日夜，日方以"出云"舰水兵三人在上海北站附近租界内被人狙击一死二伤的事件为借口挑起事端。日方出动全部海军陆战队，在青云路、八字桥、粤东中学、天通庵、五洲公墓一带，布设岗哨，派队巡逻，大有挑衅之势。中方经过多次交涉，气氛渐趋缓和，但日本海军陆战队的人数则借故增加。而且日军还频繁地举行各种演习，不断派舰队到宝山、福山镇、段山港、浒涌各港口测量水位，积极图谋进犯，有意再次挑起战火。

首先，日军在各通衢哨所增加兵力，各屋顶架设高射炮，各要点构筑工事，对市中心区及南翔方面试设炮位，日夜连续举行演习，撤退各地侨民，扩编义勇队及在乡军人队，等等。日军将原驻汉口的陆战队千余人撤调到上海，日军舰十余艘位于浏河至吴淞间，对海口实行封锁。在日本国内，也已命令陆军待命出动，形势日趋紧张。

　　七七抗战爆发时，以长江方面为"警备区域"的日本海军第三舰队队长长谷川清司令官正在台湾指挥演习，闻讯后他立即赶赴上海。1937 年 7 月 11 日，他在上海召集了"特别警备会议"，会议决定将驻华的海军分成三组特务舰队，上海方面由长谷川清亲自指挥。7 月 16 日，长谷川清向日本海军司令部提出报告，认为有必要在上海、南京一带发动战争，全力消灭力量薄弱的中国空军和海军。同时派遣陆军五个师团攻占上海与南京，将中国政府置于死地，以尽快结束战争。"如果局限战域，则有利于敌方兵力之集中，深恐将使我方作战困难，为制中国于死命，须以控制上海、南京为最重要。"长谷川清把矛头直指上海，8 月 4 日，他又一次请求东京增兵上海。8 月 7 日，日海相米内光政向陆相杉山元送交了准备提交内阁的《请紧急派遣陆军进驻青岛、上海案》，驻上海的日本海军陆战队步步紧逼，同日，长江上游的日舰也全部集中于上海，大战在即，火药味越来越浓。

　　7 月 24 日，驻守上海的日军忽然宣称一个叫宫崎贞雄的水兵"被绑失踪"。当夜，驻沪日本海军陆战队全体出动，四处寻衅滋事。

　　其实所谓宫崎贞雄"失踪"的真实情况是这样的：7 月 24 日晚，宫崎贞雄在北四川路一家未经日本海军陆战队司令部指定的娼寮中游玩，被另一个日军水兵所见，吓得乘船逃跑。7 月 27 日，在镇江水面跳江自杀时，被一渔民救起，第二天被送到南京，交于日本领事馆。以上这些都是宫崎贞雄签字供认的事实，"失踪"完全是子虚乌有。

日本海军陆战队卑劣的表演失败了，他们所玩弄的花招被揭穿了，但是他们的嚣张气焰并没有因此而收敛，而是变本加厉，更加猖狂。8月7日，川樾大使以"重开谈判"的使命来到南京，实际意味着战争的大幕即将拉开，路透社东京电讯预言，"大战将于本星期再起"，看来日方是有所准备的。

鉴于日军频频制造事端，企图占领上海的侵略行径，中国也早有准备。全民团结，举国一致抗战的决心非常坚定。8月7日，军事将领刘湘云、龙云、何键等先后抵达南京，白崇禧也由广西飞抵南京，共同商讨作战计划，大敌当前，中国军人义愤填膺，决心奋勇杀敌，报效祖国。

◎ 虹桥机场事件——淞沪会战的导火索

淞沪会战的导火线为8月9日的虹桥机场事件，可以说，这是按照日军既定的步骤，由一步步酝酿、挑衅而发生的。那天下午5时30分，日本驻沪海军陆战队派了一个军曹（相当于中国的中士），名叫大山勇夫，还有一名水兵斋藤要藏，荷枪实弹，驾驶着一辆军用汽车，穿街走巷到虹桥机场，无任何理由要硬闯机场大门，进行挑衅。站岗的保安队员履行职责拦住他们，他们不但不听劝阻，还破口大骂，大山勇夫还打死了一名保安人员。

机场门口的守卫人员因上有"不得开枪还击"的命令，毫无办法。这时恰遇另一支保安队听到枪声赶来，大山勇夫又举枪射杀了一名保安队员，鲜血染红了机场大门口的土地。保安队员再也忍不住了，把仇恨的子弹射向了穷凶极恶的日本鬼子，大山勇夫饮弹倒地，一命呜呼。斋藤要藏也被击中，狂奔数十步后倒地毙命。

事件发生后，上海市长俞鸿钧立刻用电话向日本驻沪总领事冈本询问，同时，国民政府外交部秘书周珏也向日本海军武官本田探询此事，但是他们都一口否认这件事情，并且一再声明日本海军陆战队的官兵本日没有奉令外出者，即使有也决不会到虹桥机场等。

8月9日晚10时，俞市长在调查了事实真相，掌握了确凿证据的基础上，亲自到日本总领事馆进行交涉。俞市长在详细讲述了事件的发生过程后，主张通过外交途径加以解决，勿使事态扩大。随后由市政府秘书张廷荣、上海警备司令部参谋主任朱侠及警察局和公共租界工部局代表，陪同日方总领事馆、武官室、海军陆战队代表及日籍记者多人，前往出事地点调查，并由日方将被击毙的日本士兵的尸首领回。

▲虹桥机场事件后，中日双方勘察现场。

日方预谋制造的这次挑衅行动，事实是非常清楚的。因为在这件事之前，日方军人曾多次窥探虹桥飞机场情况，为此，上海市政府也屡次向日方提出书面抗议。另外，在虹桥机场事件发生前，日军海军陆战队连日在虹口、闸北一带的军事演习，都足以证明日军制造虹桥机场事件是早有企图的。

日方驻沪外交当局虽然表面上同意遵循外交途径解决虹桥机场事件，其实是缓兵之计，是在要花招，妄图以谈判、调查来拖延时间，暗中作积极的军事准备，企图进一步将事态扩大，达到进一步增兵上海的目的。11日下午4时，日总领事冈本访俞市长，态度极为蛮横，声称对于虹桥击毙两个日兵的事件，日本全国极为震动，要向中国"质问"对本案的态度，并附带提出两项无理要求：（1）将保安队撤退；（2）将保安队已筑之防御工事完全拆除。

俞市长当即回答冈本，"此次不幸事件之发生，中国政府也极为重视，至于中国方面的态度，即认为本案双方应以诚挚公正之态度，彻底调查真相，然后再循外交途径进行交涉，当可得圆满之解决。希望日本方面勿过于情感冲动，亦勿任凭理想与臆测而推断事实……"

在解决"虹桥事件"的过程中，中方一改过去那种妥协退让的行为，采取了较为强硬的态度。冈本又提出保安队后撤的距离应由中日双方共同决定。俞市长当即予以反驳，声明保安队离开日侨居住区域，仅是中方避免冲突的自动行为，无所谓距离，而该处区域，既然是中国的土地，就更无所谓撤退，所以派员一节，自难同意，因为这是不合理的要求。冈本又提出无理要求：保安队现在驻扎地点，形成包围日本陆战队的形势，非撤退不足以避免冲突；再如掘战壕、堆沙袋之事，亦应拆除。俞市长进一步痛斥道："保安队所有措施，无非为防范起见，总之，我方维持和平之心志，日方应能谅解……如日方亦能遵守范围，冲突自然避免。"俞市长义正辞严，代表了我方的正义立场和态度。

日方以谈判为名，行备战之实，中方已看破了他们的阴谋诡计。俞市长反质问冈本，问他是否知道日本军舰已有 16 艘来沪，一部分停泊在吴淞口外，一部分已开进黄浦江，而且还有军队登陆。冈本躲躲闪闪，含糊其辞，先讲对增舰事不知，后又说增舰也没关系，前言不搭后语。最后俞市长揭露日方阴谋，严加声明："在此一面用外交交涉之际，一面增加军舰，是乃威胁，但我方抱有固定方针，非威胁所能改变。"事实已经证明，当时正由于日本增兵的结果，上海局势已经日益紧张起来，所以日本进攻上海的野心，已经不是他们的外交辞令所能掩饰的了。

12 日下午 3 时，应日本方面的要求，淞沪停战协定共同委员会召开的会议，就成为解决虹桥事件的最后外交途径。这个委员会本来是为终结"一·二八"战争而由有关各国所共同促成和组织的。这次会议在公共租界工部局议事厅举行，出席者除中日双方外，还有英、法、美、意四国代表。

在会议上，日方代表冈本企图先发制人，他声称：中国代表于昨日告知本人，距离日侨居住区域之保安队业已后撤，但今晨保安队及正规军已在近郊设置防御工事，此种行动，违反停战协定，应请共同委员会加以注意，采取有效的办法，加以制止。

俞言词激烈地驳斥道："余闻日方代表之言词后，深觉日方代表以为共同委员会为满足日方要求而设置者，此种心理，实绝对错误。共同委员会设置之目的，在维护上海之和平与治安，并非协助日本政府实施侵略政策，日方代表乃以各中立国代表为其工具，需要时利用之，不需要时弃置之，不亦大谬。余作此语，盖有根据。去年日本军队曾侵入八字桥一带地点，按照停战协定之规定，日军应在该处撤退，是以停战协定早已为日军之背信行为破坏无余矣。须知停战协定须双方遵守始有效，如仅一方遵守，决无补于实际。现在停战协定早已为日方之违约行动扯毁无余，是以中国代表认为日本根本无根据协定再作任何提议之权，此应请注意者一。其次，虹桥事件发生后，日方曾一再表示静候调查事实真相，以外交方式解决，但日方竟军舰云集，军队大增，军用品亦大量补充，此外尚有大批军舰正在途中，源源而来，此种措施，不独妨碍各国侨民之安全，且对中国为一种威胁，且足发生危害之行为。中国在本国领土内，当然有权采取自卫之行动，本人昨日确曾告知日方代表，我国保安队已由日侨居住附近区域稍稍后退，此乃系以市长之资格通告者。当时本人并曾对日本军舰、军队云集上海一点，向日方代表提出抗议，日方代表当时对日军增加一节，答称不知，惟相隔不久，本人即证实日本军舰确已大量增加，是则为防卫计，保安队当然无可撤退矣。总之，我方秉承中央所定人不犯我我不犯人之一贯政策，对侨居上海之各国侨民，仍当加以保护，对各国侨民之利益，亦当照常尊重，请各代表转知侨民释念可也。"

俞市长一席话，措词激烈，而句句在理，切中要害，各位在座的代表无不赞赏，至此各代表提议可否将保安队稍稍后退，以免冲突。俞市长早已看穿日军之阴谋，即据理回绝，并慷慨陈词："停战协定早已为日方破坏，故本日实无召集共同委员会之必要，但各国代表系以领事资格出任调解，本人亦极愿商议；惟我国军队在本国土地行动，有绝对自由之权，此则未容他人置议。兹为维持上海之和平治安计，如日本将增加之军舰与军队调回，则我方对撤退保安队一点，亦愿加以考虑。"中国代表动之以情，晓之以理，为维护上海的安全，正义在身，理直气壮地回复了几国代表的提议。

日本对上海的侵犯蓄谋已久，军舰军队调往上海，也是有目共睹和不争的事实。对于中国代表提出的撤回军舰、军队之事，日方代表无言以对，于是会议便无结果地不欢而散了。

日方故意制造事端，旨在重挑战火，又以召开会议谈判为名，实则为拖延时间，行增兵上海之实。"虹桥事件"点燃了淞沪会战的导火索，战事已不可避免了。

天赋自卫
八一三淞沪会战爆发

八一三淞沪会战是在预料之中的。一方面是日军频频制造事端，意欲侵犯上海，再进一步控制中国的政治、经济腹地，这是早有图谋的。另一方面，自"一·二八"事变之后，国民政府也意识到如日军再从上海入侵，将直接威胁国都南京，所以对该地区的战略防御极为重视，构筑国防工事，制定作战计划，做好了淞沪会战的全面准备。因此，淞沪会战的全面爆发在预料之中，在所难免，而"虹桥事件"是八一三淞沪会战的导火索。

◎ "暴风雨"前夜

"虹桥事件"发生后，日方一面假装谈判，一面暗中增兵。在此期间，首先是日本海军开始向上海的增援，命令在待机的佐世保部队进入上海，使日本驻沪海军陆战队的兵力从原来的 3000 余人，猛增到 12000 多人，从长江开入黄浦江的日舰也达到 29 艘。日本海军之所以充当日本侵略上海的急先锋，一是因为《淞沪停战协定》签订后专设了日本驻沪海军司令部，仅海军陆战队人员在上海就有数千人，二是日本海军认为，只有他们才能充当此"重任"。自"一·二八"上海战役结束以来，上海及华中扬子江流域应为对华作战的重点。

日本海军陆战队的舰艇到达上海后，即开始登陆，而且在杨树浦、闸北、虹口一带布防。自8月9日起，日本第二舰队自佐世保开到上海，而且还运来了大批军火，诸如枪支、炮弹、大炮、子弹、汽油和其他军需物品，这些军火和物品上岸后，即转往江湾路特别陆战队司令部，有的则送往位于平凉路的日本小学储存，以备战时之需。

▲日本增兵上海

日军在虹口建筑的战斗堡垒非常现代化，例如，设在北四川路天通庵附近的陆战队司令部，为转角式的大楼，全部为钢筋水泥结构，非常牢固。下层为储备弹药枪支及给养的仓库，中层是陆战队的营房，屋顶筑有高射炮的炮位和窥测所，可以俯瞰天通庵车站及八字桥。这里武器齐全，装备精良，一到战时，就是一所堡垒要塞。日军还在陆战队司令部的周围构筑了80余处阵地，形成了一个大的作战网络。在汇山码头，构筑了一条防线，对着虹口，还建成了一条弧形防守线。日军计划一旦战事开始，除集中重兵于虹口地区外，还要分兵沪西据守半田纱厂，侧击真如、北新泾等地。另派部分日兵渡过苏州河，伏击麦根路车站，再迂回我闸北。日军还准备了一举攻占闸北的军事计划，而且以"一·二八"战役为蓝本，对市区战作了无数次的演习。另外，日军还进行了储备物资和集中海军舰只、陆战队兵员的工作，磨刀霍霍。

国民政府、中国最高军事统帅部看到上海大战在即，也积极布防，调兵遣将。蒋介石密令张治中在苏州进行紧急部署，并准备在江阴封锁长江，张治中奉命即着手大战前的准备工作。

张治中除了做好一系列的行动准备外，在淞沪会战的前夕，发布文告，鼓励京沪区的卫国将士们：

此日吾民族已临于最后关头，此日吾人亦陷于生死线上！光荣神圣的民族生存抗战之血幕必且展开……为本区将士同志告。期以忠勇坚毅，共迎行将到来之无限艰苦，但必有无限希望的岁月。

自甲午一役，失地丧师，我同胞忍辱负重，而徒抱复仇雪耻之愿者，殆已四十余年矣。乃敌自此更逞淫威，肆其凶焰，蹂躏我主权，占领我土地，荼毒我人民。本其岛国野心，妄称大陆政策，鲸吞蚕食，肆无忌惮。攻城略地，何日无之……抗战到底，以求最后之胜利，而举国人士所以奔走呼号，誓死不能退让者，正以此耳。

文告明确说明，全面抗战实出于不得已，完全为自卫图存。他鼓舞将士们坚守信心，坚定信念。为誓雪国耻，要长期奋斗，百折不挠，不怕流血牺牲，报效祖国。

随后，张治中又发表了一篇《告京沪区民众书》，告知民众，在国家民族生死存亡的关头，要挺身而出，尽力与军队合作。并剖析敌国实情，让人们充分认识到即将发生的淞沪之役的重要性。在这篇文告的结尾他大声呼吁民众参战，为国效力，共御外侮：

凡我民众，无分男女，无问老少，智者尽其能，勇者竭其力……以听命于政府，则虽不擐甲胄，不执干戈，不冒矢石，而其贡献于国家民族者，实且伟大莫与伦比矣。英勇果敢的同胞，愿为父老之前驱，愿作本军之后继者；精警有为，熟悉敌情，能扑灭无耻之汉奸，能肃清敌方之间谍者；抑或有他一技之长，愿以供战争之使命者；或编入地方组织，或隶属部队机关，不患无效命之机，不患无杀敌工具……

这时，在京沪区的苏州、常熟、无锡一带的驻军仅有第87、第88师及炮兵第8团、第10团、警察总队一总队、独立第20旅的一个团。张治中命令各部队做好战斗准备。

8月11日晚9时，张治中接到南京统帅部的命令，要他率全军进至上海附近，张治中立即部署：（1）将第87师的一部分进至吴淞，主力前进至市中心区；（2）将第88师前进至北站与江湾间；（3）将炮兵第10团1营及炮兵第8团进至真如、大场；（4）将独立第20旅在松江的一个团进至南翔；（5）令炮兵第3团2营及第56师自南京、嘉兴各地兼程向上海进发；（6）派刘和鼎为江防指挥官，率领第56师及江苏保安第2、第4两团到宝山至刘海沙的江防一带，并将主力设于太仓附近。同时急令第五军驻西安的第36师火速向上海挺进，在闸北、虹口公园及江湾、杨树浦一带布防。张治中也于当日半夜离开苏州，统率全军从苏州、常熟、无锡一带向上海挺进，12日晨进驻上海。

在此之前，何应钦还派徐培根、罗泽闿等人赶赴上海，实地勘察，充分论证，制定了周密详细的《扫荡驻沪日军据点计划》，并附有详细地图。这个计划的要点就是出其不意，夜间突袭，迅速攻占虹口地区等日军据点，占领沿江要处，阻止日军登陆增援。其总的指导思想就是，以主力集结闸北，扫荡淞沪敌海军根据地。

另外，在淞沪近郊，于北站附近建筑两路管理局，和敌海军司令部遥遥相对。从天通庵车站，顺着爱国女中、持志学院、商学院、复旦大学，形成了一条对敌军的弧形防线。我保安队还在江湾一带构筑了简陋的战壕，以作备战之用。

在上海虹口的日本海军司令部设有坚固的工事，杨树浦东端的日公大纱厂和小沙渡附近的日丰田纱厂也设有防御工事。蒋介石亲下手谕给张治中：如战事发生，我军应先扫荡这些据点及在虹口、杨树浦的日海军陆战队，使它无法策应登陆的日军。

日军有意挑起战端，迅速增兵上海。我军也调兵遣将，做好了一切准备。双方剑拔弩张，战事在即。

◎ 八一三硝烟下的上海

8月12日，中国军队已进驻到上海的预定阵地。张治中把指挥所驻扎在南翔。孙元良、王敬久两将军率领装备最全、士气最盛、训练最久，而且承袭了"一·二八"作战经验的精兵也来到前线，其运动之神速，出乎敌军之预料。

从下午3时起，日军就不断向中方阵地开枪挑衅。此时我军已完成了对虹口、杨树浦日军据点攻击的准备，而且按张治中的打算，"先下手为强"，给日军一个突然袭击，打他一个措手不及，以勇猛态势，一举将敌主力击溃，把上海一次整个拿下。严阵以待的我军，在日军向我挑衅时，完全可以被迫还击，进入战斗状态。但由于外交上的原因，我军将士一直强压着胸中的怒火而没有还手，错失良机！

据说上海外交团为避免在上海作战，建议南京政府改上海为不设防城市——自由口岸。这个文件 12 日到达外交部，南京政府不免犹豫了一下，这一犹豫给日军一个从容部署的机会，同时，也使我军丧失了一个主动出击的时机。

8 月 13 日晨 3 时许，日本海军陆战队以虹口区预设阵地为依托，向淞沪铁路天通庵站至横滨路的中国守军开枪。到上午 9 时 1 刻，日本海军陆战队一小队，在日军坦克掩护下，突然由天通庵路及横滨桥方面跨越淞沪铁路冲入宝山路口，抢占八字桥，并向驻西宝兴路附近的保安部队射击。第 88 师士兵忍无可忍，被迫还击。淞沪抗战的第一枪在八字桥响起，八一三淞沪百日大战的序幕从此拉开了。

1932 年 1 月 28 日，淞沪战火由八字桥燃起，五年后八一三的战火又从八字桥燃起。八字桥因两次抗战而闻名于世！

为保卫国土，维护主权，也为自卫，中国军队将士用机关枪猛烈地向敌群扫射。最后敌兵力不支，分两路溃退，战事遂告平静，敌我双方各守原防。

下午 4 时，日军在海、空火力掩护下，增援部队由租界再次向闸北地区宝山路、八字桥和天通庵路等地进犯，并用钢炮向中方阵地轰击。这次战线较长，一时枪声、炮声大作。到 5 时许，日军用燃烧弹向中方投掷，致使闸北若干房屋被烧。5 时半，中国军队于敌密集炮火下，奋勇冲锋，敌不支溃退，中国军队遂占领八字桥。

到了晚上，敌人又反扑上来，双方围绕着八字桥进行了激烈的争夺。此时敌舰上的大炮也向虬江码头、军工路、沪江大学一线射击，大规模的战斗开始了。

敌军的企图和“一·二八”战役大体相同，攻击重点放

▲抵达八字桥的中国官兵

在天通庵车站、八字桥、水电路一线上，妄图从此攻入中方闸北阵地，切断大场和闸北的联络，对北站中国军队实施包抄攻击。中国军队识破了日军的阴谋，第88师主力不但死守八字桥阵地，还与敌军争夺日阵地，并在持志大学到爱国女中一线，对敌海军陆战队司令部形成包围攻击之势。敌军的攻击一开始便被我军挡住，双方处于胶着状态，这是日军所始料不及的。从开战至退却，双方始终在淞沪近郊进行着一场阵地战。

◎ "实行天赋之自卫权"

八一三大战的血幕既已正式揭开，外交部代表国民政府于8月14日发表了《自卫抗战声明书》，正式向世人宣布中国政府将"实行天赋之自卫权"。通篇声明，字字有据，句句有理，字里行间充满了痛斥日本破坏国联盟约、九国公约、非战公约和武装入侵中国领土的强盗行为。同时也庄严声明，中国为维护正义与和平，决心抵抗暴日之侵略。这是中国人民正义的呐喊，这是中华民族发出的震天动地的吼声。声明指出：

中国为日本无止境之侵略所逼迫，兹已不得不实行自卫，抵抗暴力。

近年以来，中国政府及人民一切所努力者，在完成现代国家之建设，以期获得自由平等之地位；以是之故，对内致力于经济文化之复兴，对外则尊重和平与正义，凡国联盟约、九国公约——中国曾参加签订者，莫不忠实履行其义务。盖认为"独立"与"共存"，二者实相待而相成也。乃自九一八以来，日本侵夺我东四省，淞沪之役，中国东南重要商镇，沦于兵；继以热河失守；继于长城各口之

▲《国民政府自卫抗战声明书》

役，屠杀焚毁之祸，扩而及于河北；又继之以冀东伪组织之设立，察北匪军之养成，中国领土主权，横被侵削。

声明用大量的篇幅，深刻地揭露了日本在我国土地上所犯下的种种滔天罪行，表示中国已真正认清了日本军国主义的强盗本性。

声明中论及 1937 年 8 月 9 日发生在上海的虹桥机场事件时强调："上海市当局于事件发生之后，立即提议以外交途径公平解决，而日本则竟派遣大批战舰陆军以及其他武装队伍来沪，并提出种种要求，以图解除或减少中国自卫力量。日本空军并在上海、杭州、宁波以及其他苏浙沿海口岸任意飞行威胁，其为军事发动，已无疑义。"

日本一再强侵我国土，践踏我国尊严，我国已是忍无可忍，故"中国今日郑重声明，中国之领土主权，已横受日本之

侵略，国联盟约、九国公约，非战公约，已为日本所破坏无余。此等条约，其最大目的，在维持正义与和平。中国以责任所在，自应尽其能力，以维护其领土主权及维护上述种种条约之尊严。中国决不放弃领土之任何部分，遇有侵略，惟有实行天赋之自卫权以应也。"日本对中国领土的侵略行为，理所当然地应给予抗击。中国"本其和平素志，以挽救东亚与世界之危局。要之，吾人此次非仅为中国，实为世界而奋斗；非仅为领土与主权，实为公法与正义而奋斗。"

《自卫抗战声明》代表了全中国人民抗击日本帝国主义的决心和愿望，这是中华民族被迫发出的巨大吼声。中国政府实行天赋自卫权，这是代表中国广大军民为公法和正义，为祖国利益和世界和平所表明的决心和抗战到底的严正立场。《自卫抗战声明》的发表，标志着中国政府正式进入抗战，全国抗战终于实现。

在国民政府发表《自卫抗战声明书》的当日（即8月14日），在上海指挥作战的张治中将军也发表了一篇重要讲话，表明了参战部队的抗日决心。通篇铿锵有力，掷地有声，这是对我军将士的动员与鼓励，也是对日军的声讨与警告，其中一段非常动人，摘录如下：

昨（13日）下午四时，日方军舰突以重炮向我闸北轰击，彻夜炮声不绝，我居民损失奇重。同时复以步兵冲击界外，进攻我保安队防地，我方仍以镇静态度应付，从未还击一炮。现日方又大举以海陆进攻，我为保卫国土，维护主权，决不能再予容忍。事至今日，和平已完全绝望，牺牲已到最后关头，御侮救亡，义无反顾。兹郑重声明者，上海和平既为日方炮火所震毁，而我祖先惨淡经营之国土，又复为敌军铁骑所践踏，不得不以英勇自卫之决心，展开神圣庄严之抗战。本军所部全体将士，与暴日誓不共戴天。五年以来，无日不申儆军中，以湔雪国耻，收复失地为己任。我十万健儿之血肉，即为保卫国土之长城！决以当年喋血淞沪、长城之精神，扫荡敌军出境，不达保我领土主权之目的，誓不终止。

这篇讲话，可以看作是对敌行动的正式宣言。讲话发表后，上海、南京、汉口等各地报纸争相登载，万民争相传阅，先睹为快。因为这篇讲话讲出了广大国民的心声，大长中华民族之志气，大显中华儿女杀敌报国的决心！

从国民政府严正立场的表白，到参战将领对敌行动的宣言，可以看到中国从上到下，广大军民的抗战热情已经被调动起来了，此时的上海，已经不是"一·二八"时的上海，广大军民已准备用自己的身躯筑成一道血肉长城，上海已成为抗击日寇的主战场！

两军对垒 中日兵力部署

八一三淞沪会战，是日本帝国主义发动全面对华侵略战争之后的重大战役，日方为侵占上海早有图谋，投入了很大的兵力。中方也作了较长时间的积极准备，八一三淞沪会战爆发后，几乎调动了全国的军队到上海参战，为此投入了几倍于日军的兵力，双方在上海进行了一场历时三个月的恶战。

◎ 日方的兵力部署及指挥系统

八一三淞沪会战爆发后的 8 月 15 日，日本政府发表声明，声称"为了惩罚中国军队之暴戾，促使南京政府觉醒，于今不得不采取之断然措施"。同日，日本下达了编组上海派遣军的命令，以松井石根大将为司令官，下辖第 3、第 9、第 11 师（欠天谷支队）等部，作战任务为"与海军协同消灭上海附近的敌人，占领上海及其北面地区重要地带"。

8 月 22 日晚，松井大将率其部在吴淞、川沙同时登陆，开始向吴淞、宝山、罗店、浏河之线进攻，与中国军队展开激烈的战斗。

到 9 月中旬，自浏河至吴淞一带，日军集结数已超过 8 万人，后日军因受到中国军民的顽强抵抗而不断增兵上海。在历时三个月的淞沪会战中，日本侵略军先后投入海军陆战队和陆军部队十四个半师团的兵力，共约 28 万人，动用军舰 40 艘，飞机 400 余架，战车三四百辆，曾狂妄地宣称一个月内占领上海。

另外，我们还要充分认识到，八一三开战之初，日本总的陆、海、空军，无论在数量上与质量上，都占着绝对优势。虽然它的现役兵员只有 38 万人，但加上预备役及第一第二补充兵员，合计有 448 万人。海军舰艇 190 余万吨，飞机 2700 余架，这些日军随时都可以投入战争，这是不可忽视的一个因素。

◎ 中国兵力部署及指挥系统

八一三战幕拉开后，国民党政府军事委员会将京沪警备部队改编为第九集团军，张治中任司令，辖三个师和一个旅以及上海警察总队、江苏保安团等部，担负反击虹口及杨树浦之敌的任务；苏浙边区部队改编为第八集团军，张发奎任总司令，守备杭州湾北岸，并扫荡浦东之敌。8 月 14 日下午 16 时，第九集团军在炮火支援下向虹口、杨树浦之敌发起攻击，第 87 师占领沪江大学，第 88 师占领持志大学、五洲公墓、宝山桥等要点。同日，中国空军轰炸了日本陆战队司令部和日海军第三舰队"出云"号旗舰，中日双方在沪杭空域展开了激烈的空战。

与此同时，蒋介石下达全国总动员令，将全国临战地区划为五个战区，沪杭地区为第三战区，冯玉祥任司令长官，顾祝同任副司令长官，并任命陈诚为第三战区前敌总指挥，以主力集中华东，迅速扫荡淞沪敌海军基地，阻止后续敌军登陆。

日军兵力部署及指挥系统简表

军别	部队		团队	所在位置及动态	备考
	番号	长官姓名	团队番号及长官姓名		
上海派遣军司令官松井石根	近卫师团	饭田园固	近一联队长夫原六 近二联队长土屋兵马 近三联队长饭田祥二郎 近四联队长赤柴	9月5日在引翔港及虹江码头登陆，部署在军工路市中心区一带。	1. 以上所称师团团皆为现役建制部队，其称旅团或兵团者为政临时编成部队或以现役预备兵员或两者混合编成，其详细待查。 2. 敌在上海方面派遣之援军多为混合部队，后又有增援部队陆续到达，有些地尚不清楚，尚待查清。 3. 以上仅列入已发现部队之各团队，其余未明者未列入。
	第3师团	藤田进	第6联队长吉泽忠勇 第68联队长吉泽谷实 第18联队长饭田谷实 第34联队长加藤守雄	8月25日在引翔港登陆，转战吴淞、张华浜一带，部署在江湾、军工路一带。	
	第9师团		第7联队 第19联队 第30联队 第36联队	9月初抵沪，在吴淞、虹口一带登陆，即攻击宝山。	
	第11师团	山室宗武	第12联队长石井宽吉 第22联队长田边 第34联队长安藤泰吉 第44联队长和和鹰三	8月27日在吴淞登陆，即改击宝山，9月1日后主动放在罗店小川沙一带。	

续表

军别	部队			所在位置及动态	备考
	番号	长官姓名	团队番号及长官姓名		
参谋长原田雄	竹内旅团	竹内宽		9月23日抵沪，部署在施高塔路一带。	
	安藤旅团	安藤麟三		8月30日在蕰藻浜登陆，主要部署在杨行。	
	重藤旅团	重藤千秋	村上步兵联队 石井荣步兵联队	部署在上海市区及军工路一带。	
	鹰森旅团	鹰森孝	第5联队长黑田彦 第31联队长西冈贯沼	8月25日在吴淞登陆，9月1日后先后部署在月浦、杨行一带。	
	天谷旅团	天谷直四郎	第46联队长藤堂高英 第48联队长小岛三郎	8月21日在小川沙、浏河登陆，部署在浏河一带。	
	和田旅团	和田由恭	田上八郎步兵联队 川井密步兵联队	9月23日在淞罗公路一带部署。	
	海军陆战队	大川内传七	佐藤水兵团 柴北水兵团 安田水兵团	在沪大学、八字桥一带。	
	野战重炮	重炮一联队 重炮二联队	赤山 杉山		

注：以上资料源自《抗战纪实》（第一册），商务印书馆1946年出版，第4—9页。

▲8月11日，中国军队在南市和浦东之间的黄浦江段沉船设障

在八一三战事中，中方主力固守真如暨南新村、潭子湾、闸北、杨树浦、江湾、市中心区、吴淞等各要点，保证各地增援部队进入上海参加战斗。中国军队攻击的重点在杨树浦港以西至虹口的日军司令部间，于空军轰炸后在炮兵火力掩护下，协同攻击前进。13日晚上，中国军队在战斗中占有绝对优势，敌军步步后退。

八一三淞沪会战开始以后，我国先后调集中央部队、广东、广西、湖南、四川、贵州、云南等地部队和税警总团、中央军校教导总队，以及部分省市保安团队，总计兵力约七十八个师，十个独立旅、三个整编旅、七个炮兵团，空军九个大队，海军三个舰队又一个大队，以及其他特种部队75万人投入战斗。

◎ 决心献身国难的冯玉祥将军

冯玉祥，字焕章，原名基善，中国国民革命军陆军一级上将，西北军阀首领、爱国民主人士。有"爱国将军""倒戈将军"称号。是蒋介石的结拜兄弟，系国民政府抗战青天白日勋章、美国总统"二战"银质自由勋章、国民政府首批抗战胜利勋章三大抗战勋章获得者。冯玉祥一直在北方作战，是著名的抗日将领，对北方的作战、人员安排都比较熟悉。1937 年 8 月上旬，南京政府忽命冯玉祥以国民政府军事委员会副委员长的身份出任第三战区（即京沪杭地区）司令长官。国难当头，他为了国家的利益，立刻走马上任，还给家人留下遗嘱，决心奔赴国难，不惜战死沙场，这可歌可泣的言行，在我国抗战史上留下了令人称颂的篇章。

▲冯玉祥

八一三淞沪战起，冯玉祥将军带领身边工作人员奔往前线，冒着枪林弹雨亲自指挥作战。据情报人员报告，在白沟堡方面日舰及商轮百余艘企图登陆，想重演"一·二八"的

八一三淞沪会战中国军队指挥系统表

（1937年9月下旬）

第三战区

司令长官 蒋中正（兼） 副司令长官 顾祝同

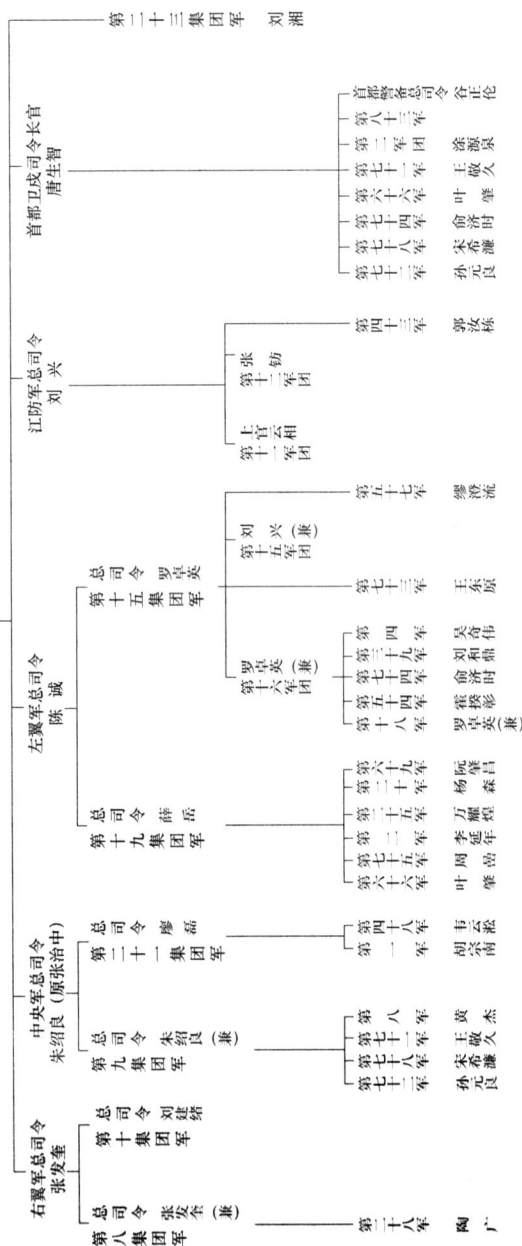

右翼军总司令 张发奎
- 第十集团军 总司令 刘建绪（兼）
- 第八集团军 总司令 张发奎（兼）
  - 第二十八军 陶广

中央军总司令（原张治中）
- 第九集团军 总司令 朱绍良（兼）
  - 第七十八军 宋希濂
  - 第八军 黄杰
  - 王敬久
- 第二十一集团军 总司令 廖磊
  - 第四十八军 韦云淞
  - 第七军
  - 树宗南

左翼军总司令 陈诚
- 第十九集团军 总司令 薛岳
  - 第六十六军 叶肇
  - 第二十五军 万耀煌
  - 阮肇森昌
- 第十五集团军 总司令 罗卓英
  - 第十六军团 罗卓英（兼）
    - 第九十八军 刘俞济时
    - 第十四军 陈奇涉
  - 第十五军团 刘兴（兼）
    - 第七十三军 王东原
  - 第五十四军 缪流

江防军总司令 刘兴
- 第十一军团 张钫
  - 第二十三军团
  - 第四十三军 郭汝栋

首都卫戍司令长官 唐生智
- 首都警备总司令 谷正伦
- 第八十八军
- 第七十二军 孙元良
- 第七十八军 宋希濂
- 第三十六军 叶肇
- 第六十六军 俞济时
- 第七十四军 王敬久

第二十三集团军 刘湘

▲八一三淞沪抗战中国军队指挥系统表

注：因参加淞沪会战部队较多，临时变化较大，后不断变换，例如第三战区司令长官，8月23日后由蒋介石兼，后来还增加第十一、第十二、第十九、第二十一、第二十三集团军，还有左翼总司令，江防军总司令等，就不一一列出了。

故伎，冯玉祥立即通知各警戒区域有关部队，令其注意防范。又闻日军向我军猛烈进攻，冯玉祥气愤之极，决定亲临视察。

▲我军于8月14日下午4时向虹口、杨树浦的日军发起总攻，这是我军由虬江路攻入四川路，向日本据点推进。

8月16日，冯玉祥带领少数随从人员赴南翔前线，10时许又到昆山。这时炮声隆隆，震天动地，冯玉祥非常高兴地向左右随行人员说："我多年来奔走抗日工作，今日始听到我民族的怒吼声，何等痛快！"不一会儿，有敌机来袭，冯玉祥与左右立即躲避树下，前线危险，随行人员考虑到长官的人身安全，劝其回去，冯玉祥一笑了之，待飞机去后，又继续上路，对这些全然不顾。旋即又有两架敌机来轰炸扫射，敌机在低空盘旋，寻找目标。冯玉祥泰然自若，并且还安慰左右的人说："当战事初起，我即抱定牺牲决心，现虽处危险环境，心情转觉舒畅。"敌机在周围投弹十余枚而去，冯玉祥再次冒着弥漫的硝烟前行。就这样一路上敌机纷至沓来，连续轰炸，冯玉祥及其一行走走停停，躲躲藏藏，时而隐蔽，时而前进，置自己的安危于不顾。

张治中、张发奎、杨虎等将领，闻知冯玉祥将军到了前线视察，备受感动与鼓舞，急忙前来迎接。而冯玉祥见到他们第一句话便说："诸君为国拼命，至堪嘉尚，我故亲冒矢石到前方来看看诸君。"张治中连连说："副委员长公忠为国，我们素所钦佩，决竭诚听副委员长指挥。"

张发奎指着作战地图，将作战部署的情况一一向冯玉祥详细汇报，当讲到虹口汇山码头之敌大举反攻，我警察总队不支，第87师正在增援时，冯玉祥当即决定将戴民权一师归张发奎指挥，钱塘河以北地区也归张负责，以南地区归刘建绪负责。

8月17日，冯玉祥又乘车前往嘉兴视察，抵双桥站时，张发奎前来迎候并当即陈述两件事：一是前方事权不统一，恐误大事，深为忧虑；二是所缺乏炮兵，如敌登陆，不到接近时则无法射击。冯玉祥答应一定将此事同蒋介石商量，分别予以调整和补充。不久，张发奎所提问题均一一得到解决。

淞沪会战从开始到最后结束，人员变化较大，将领也不断更换。冯玉祥的第三战区司令长官到8月23日就由蒋介石亲自兼任。冯玉祥以国家、民族利益为重，以抗日为己任，从不计较个人得失。有一天他在指挥部和大家聊天，他诚恳地说："我们只要能抗日，不必军队一定要听我的指挥。我们只要能救国，不必一定自己处很高的地位……现在我们的目的是怎样战胜敌人，怎样使国家转危为安，怎样使民众出水火。至于斤斤惟名义权位计者，应该引以为耻。"

8月26日晚，蒋介石从南京给前线的冯玉祥打电话说："前方的将领都太年轻，勇敢有余，经验不足，望大哥多多指教，不要客气。"冯玉祥回答道："当然的，我见到的就说，决不客气，请您放心吧！"

　　在淞沪作战中，冯玉祥将军一直是不知疲倦地出入前线各地，除给各级指挥官一些具体的指示外，他还颁布了破坏敌坦克车的战法：（1）在屋中布置炮位，俟坦克车过时，击其侧面。（2）用麻袋包地雷，俟坦克车过时轰炸之。（3）用长短铁轨埋插地下，作参差不齐状，使坦克车易于颠覆，甚至不能通过。（4）用松香等易燃的药剂投掷车身，令其发火以燃之。此外，他又拟订构筑工事的一些办法，战壕须有四丈宽，两丈深，每隔二十里筑一道，前后设置假阵地。本区第二、第三防线之构筑皆参照执行。冯玉祥在指挥方面详略得当，深得各级指挥官的佩服与敬重。给各指挥官提出其他一些临时措施和指示，在当时都能行之有效，为各方所乐于接受。如张治中部攻击杨树浦，张发奎部肃清浦东敌人，均打得有声有色。

　　有一天他在前线指挥作战，适逢德国顾问富肯豪森来访。富肯豪森对前线的军事部署不以为然，提出应该以现代化装备与日本较量。冯玉祥不赞成他的看法，直言不讳道："中国是一个落后的国家，工业赶不上日本，因此战术等项应不同于敌人。如喜峰口作战，第二十九军的大刀也能特别奏效。"冯将军根据具体情况，实事求是地进行分析，令富肯豪森大为折服。富肯豪森又转话题讲道："将军亲自来前线，未免太危险了。"冯玉祥打趣说："我出入前线，常以危险为娱乐。"

　　淞沪会战前期，中方将士打得勇猛顽强，连连取胜，且一直处于主动地位，给进犯的日军以迎头痛击，这与冯玉祥将军的得力指挥是分不开的。冯玉祥将军作为淞沪会战前期的最高指挥官，功不可没。

中华战鹰　首战告捷

中国空军虽然历史不长，但是在淞沪会战中，这支年轻而弱小的空军队伍中优秀的飞行员们，当看到日舰侵我领海，日军的飞机在我国肆虐猖狂，把罪恶的炸弹投到我繁华的城镇和美丽的田园时，一个个义愤填膺，怒火中烧。一声令下，他们勇敢地驾驶战鹰，飞向祖国的蓝天，炸毁日军的舰艇，与强大的日本空中部队进行殊死的战斗。中国的空军勇士们，就是这样肩负着祖国人民的重托，一次次地飞向天空，在民族解放的战争中，建立了辉煌的业绩。

◎ 八一三初试锋芒

八一三淞沪会战前，中国大约只有 250 架飞机，大都集中在江西南昌青云谱机场。1937 年，空军司令部在南昌成立。在南昌的空军共分九个大队，下设中队，中队下有分队。在政府里还设有航空委员会，主任为周至柔上将。1937 年 7 月底，南昌报纸以《空军为何还不北上抗日》为题，公开对空军提出质问，迫使空军不得不令第一大队（大队长张廷孟）和第四大队（大队长高志航）离赣北上，准备进驻察哈尔的阳明堡机场，参加抗日战争，实际只到河南周家口机场就停了下来。

8月4日，第五大队第二十四、第二十五中队被调往扬州机场，第二十八中队调往句容。

8月9日，鉴于上海虹桥机场事件使形势日益紧张，为防患于未然，空军指挥部令驻南京附近部队特别戒备，以防敌机暗袭首都南京。自12日起，由拂晓至黄昏各派机巡逻飞行，严密警戒。

日军要在上海动手了，到8月13日下午2时为止，综合各方情报及我飞机侦察得到以下情况：（1）吴淞、浏河口一带及黄浦江上，敌军舰、运输舰等不下二三十艘，连日在近海及黄浦江游弋炫耀武力。（2）11日有三架日本水上飞机，盘旋于龙华、虹桥之间，又有日军5000人登陆，丰田纱厂驻有日军约2000人，另有日军人散布各工厂中，准备破坏虹桥飞机场。（3）日军在上海市区与我守军已有冲突；海军陆战队还配有防空大炮、高射机枪等。

鉴于这些情况，中国空军有义务协助陆军消灭盘踞在上海的日本海、陆、空之敌和完成扫荡敌根据地之任务，于是南京航空委员会发出空军作战第一号命令，要求各空军部队做好完成攻击作战的一切准备工作。

8月13日午夜，坐落在扬州市西郊双岗的扬州机场，值班室的电话铃突然响起来，机场值班员，第二十四中队分队长王倬忙拿起听筒，电话里传来了战斗命令："停泊在长江中的日本50艘军舰和轮船，正向东逃跑，你们大队立即带上炸弹，于拂晓前出动追击，加以歼灭。"

这电话是中国陆海空最高统帅蒋介石亲自打来的，在这个夜深人静的子夜时分，蒋介石越过多级指挥层次，把电话直接打到一个小小的机场，命令战士们去炸敌人的军舰！这恐怕在中外战争史上也是不多见的。

事情原来是这样的：上海虹桥机场事件发生后，蒋介石在南京召开军事会议，会议决定，如果上海战事发生，立即封锁长江，不让日舰逃走。当时做记录的行政院机要秘书黄浚是个内奸，他把这个消息告诉了日军，日军连忙把长江内的船只全部撤离。为此，蒋介石大发脾气，将汉奸黄浚枪决，并于13日午夜下令空军第五大队予以追击。唯恐耽误时间，贻误战机，他把电话直接打到了作战部队。

王倬接到电话，不敢有丝毫怠慢，立即向大队长丁纪徐作了汇报。第五大队长丁纪徐命令中队长刘粹刚率领18架霍克Ⅲ式驱逐机，各载一枚500磅炸弹执行任务。参加这次作战的有梁鸿云、王倬、雍沛、袁葆康、董庆祥、姚杰、余腾甲、胡庄如、董明德、张伟华、宋恩儒、刘依均、邹赓续等人。

机群越过江阴要塞，沿着长江向东搜索前进。由于汉奸黄浚把轰炸日舰的消息提前告诉了日军，敌舰挟着商船，大部都已仓惶逃窜。机群透过夜空微弱的星光，穿云破雾认真搜索。后发现在吴淞口东白龙港口尚有一艘没有来得及逃脱的日舰，机长立即下令改变队形，一架接一架地向下俯冲投弹，这艘日舰成了我空军战士的活靶子，一枚枚愤怒的炸弹向它投去，顿时敌舰浓烟弥漫，逐渐下沉，最后舰上的日军全部葬身海底，我空军勇士怀着喜悦的心情胜利返航。

中国空军初战告捷！

◎ 8 月 14 日——中国空军的辉煌节日

为配合淞沪战场的地面作战，中国空军于 8 月 14 日连续出动，对上海日本守军据点及停泊在上海的日本军舰进行轰炸，为地面部队前进扫清道路。中国空军一举炸伤了日本第三舰队旗舰出云号，并连续在空战中击伤日机多架。另外，中国空军与日本空军在杭州上空也发生了激战，取得了辉煌的战绩。

空军是最先投入战斗的部队，中国空军指挥部在八一三淞沪战役打响以后，立即对空军进行了部署。原来中国空军的飞机大都集中在南昌的青云谱机场，为了便于空军直接参加淞沪作战，空军指挥部于 8 月 13 日就命令各飞行队到指定机场待命，其具体部署是：第九大队，曹娥机场；第四大队，笕桥；第二大队，广德、长兴；暂编大队，嘉兴；第五大队，扬州；第六大队第五中队，苏州；第四中队，淮阴；第七、第十六大队，滁县；第八大队，大校场；第三大队第八中队，南京大校场；第十七中队，句容；并命令必须于 8 月 14 日前秘密到达指定机场，准备随时起飞执行任务。

上海战事发生后，张治中在下达攻击作战令时，就要求空军支援配合。他命令："本军以彻底扫荡敌军之目的……于空军轰炸后在炮兵火力掩护下勇猛攻击，进占其根据地，压迫敌至苏州河及黄浦江而歼灭之。"这就是说，我空军轰炸在前，地面部队攻击在后，必须紧密配合。

由于会战之初，主要是日本海军陆战队参战，海军炮舰对我威胁较大，于是先轰炸敌舰。8 月 14 日，敌舰在吴淞口向市府炮击，还有十余艘兵舰聚集在崇明岛的东南海面。另外，在此之前，限于航程，日军飞机不能对我构成空中威胁。日军在公大纱厂附近构筑机场，准备为其空军根据地。

为此，中国空军奉命由第二大队以航校霍机掩护，以一队轰炸破坏公大纱厂附近日军正在建造的机场；以两队轰炸向我射击及游弋海面之敌舰。航校霍机六架，掩护第二大队起飞，9 时 40 分到达目标进行轰击。还令在扬州的第五大队，携带

500 磅炸弹，向长江口外的敌舰轰炸。第三大队从 14 日晨起，采取紧急警戒，担任首都之防空。本日出动的空军，以完成轰炸任务为目的，若一次不行，就迅速作连续轰炸的准备，至敌舰或目标被毁为止。空军指挥部作了战前动员，并就各大队所在的位置和所攻击的目标一一作了布置。

▲杨树浦公大纱厂成为日军临时机场

8 月 14 日晨 7 时，第三十五中队的五架飞机从笕桥机场起飞，以楔状队形，飞沪轰炸敌军械库公大纱厂，是日虽阴雨天气，中国飞行员在 1500 米高空沉着飞行。到公大纱厂上空时，日军高射枪炮集中向中国飞机扫射，中国飞机遂调整为右梯形队形，对准目标俯冲投弹，当即公大纱厂多处起火，浓烟冲天。中国飞机轰炸后，安全飞返笕桥机场。

第二大队补充飞机后，有 22 架诺机。8 月 14 日 8 时 40 分，第二大队副大队长孙桐岗率领 21 架诺机，携带 250 公斤炸弹 14 枚，50 公斤炸弹 70 枚，自广德出发，经昆山赴上海，执行轰炸日本公大飞机场及一切设备、汇山码头、蕴藻浜吴淞口一带敌舰的任务。飞机到达上海后，兵分两路，一部轰炸吴淞口的敌舰，当时云层低，能见度不佳，未能炸毁敌舰，结果使其向扬子江口外逃窜。另一部轰炸公大飞机场及汇山码头，投弹全数命中目标，即见机场内、敌司令部及附近多处起火，公大纱厂南再度起火。轰炸汇山码头的飞机均击中目标，这次胜利完成轰击任务。

▲8 月 14 日上午，我空军轰炸日军占据的汇山码头，码头中弹，烈焰滚滚。

是日上午 9 时 20 分，第五大队长丁纪徐率领第二十四中队霍机八架，各携带一枚 250 公斤炸弹，自扬州出发，沿长江至上海，轰炸江口日本军舰。当飞经南通附近时，发现敌军一艘约 1300 吨的驱逐舰，正向上海行驶，机群急剧下降向敌舰轰炸，敌舰上多处被中国飞机击毁，但未沉没，中国飞机于 11 时 30 分轰炸完后安然飞回。紧接着，该队于下午 2 时 20 分由队长刘粹刚率领霍机 3 架，再次飞赴上海，去轰炸日军司令部及兵营。当 3 时 40 分到达上海上空时，有 7 架敌机隐于云中向我机射击，经一番激战，梁副队长驾驶的 2401 号飞机被敌击落，机损人伤；队员袁葆康所驾飞机的着陆轮活动链也被敌机击坏，但有惊无险。2 时 45 分，第二十五中队长胡庄如也率 3 架霍机去上海轰炸虹口的日军司令部及兵营，因当时天气恶劣，轰炸效果不够理想。

▲中国空军轰炸日军阵地

在空军的轰炸掩护下，中国陆军第87、第88师向虹口、杨树浦之敌发起了猛烈的攻击，当天便夺回了八字桥、持志大学、沪江大学等，进展较为顺利。

中国空军除了在上海执行轰炸任务，取得了较为明显的战果外，8月14日这天，中国空军还在杭州上空与日本空军进行了激烈的战斗。中方担任这项战斗任务的是原来驻在河南周家口的空军第四大队，大队长高志航在此次战斗中立下了赫赫战功！

八一三淞沪战役爆发的第二天，在河南周家口机场待命的高志航再也坐不住了，因求战心切，他急不可待地单独飞到南京，向空军总指挥部请缨杀敌。这时淞沪会战已拉开序幕，也急需空军参战。周至柔总指挥批准了他的请求，命第四大队飞杭州笕桥机场待命。

高志航喜出望外，遂发"十万火急"的电报给周家口第二十一中队长李桂丹，转达这道命令。他自己连河南都顾不上回，直接飞杭州。第四大队有第二十一、第二十二、第二十三三个中队，他们接到大队长的电报时，天气很坏，雷雨交加，按规定是无法起飞的，但为了参加抗战，他们立即起飞，凭着过人胆识和过硬的飞行技术，在经过冒雨、穿云，克服恶劣气象条件的长途飞行后，第四大队第二十一、第二十三中队先行达到笕桥机场。

第四大队是当时中国空军作战部队中配备力量最强的一个大队，飞行学员也都是航校毕业的，飞机全是清一色的美制"霍克"战斗机，每机装有"考尔脱"机枪两挺，可携带250磅炸弹两枚。

下午1时30分，笕桥机场接到从曹娥对空监视哨打来的电话，有13架日本轰炸机已飞临曹娥上空，继续向西，估计是要袭击杭州笕桥机场，机场副指挥官蒋坚忍立即命令拉响警报，紧急疏散防空。

高志航先到杭州笕桥机场，刚下飞机，就听到空袭警报，当他听到第四大队的飞机尚未到达，而从台湾新竹出发的日本海军木更津航空队即将到来，心急如焚。

▲高志航在笕桥空战的座机

在敌机来袭的前几分钟，我第四大队李桂丹率领的第二十一中队和毛瀛初率领的第二十三中队终于穿云破雨先后着陆。

高志航立即以喊话、手势命令正在降落的第二十一、第二十三中队队员：人不下机，即刻起飞！自己也跨进座机，利用剩下的余油飞往空中，迎战敌机。

中国年轻的鹰群与日本老牌空中霸王之间展开了一场生死较量。我空军飞行员面对的是日本海军航空兵精锐木更津航空队，这是一支在日本有名的飞行队，几个小时前，在台湾新竹机场，是军乐队用欢快的乐曲把他们送上座机的。这些目空一切、狂傲至极的大日本帝国的空中武士们，把这次袭击纯粹看作是到杭州美丽的西子湖上空作一次短暂而愉快的旅行。

高志航带领的 27 架机群，在云层中飞行，锐利的目光在搜索着目标。飞行员们是既兴奋又紧张，兴奋的是终于有了报效祖国的机会，紧张的是面对面真枪实弹地和日空军在空中拼杀，毕竟还是第一次，一颗颗心在剧烈而紧张地跳动着。

突然目标出现了，那是一架双发动机的重型轰炸机，是日军飞行队的带队长机。高志航一推操纵杆，调整了方向，同时下达攻击令，便带头扑向敌机群。敌机飞行员顿时乱作一团，惊慌四散。中国飞行员们紧紧咬住敌机群，一串串仇恨的子弹，带着复仇的火焰向敌机猛扫。

木更津航空队毕竟是战斗的行家，一阵短暂的慌乱之后，他们立即组织好编队开始反击。两军交战，天空顿时火光闪闪，惊雷滚滚，硝烟弥漫。

高志航驾驶的座机逐渐向敌机逼近，一串子弹射出去，一架敌机被击中了！"轰"的一声巨响，一团火球在空中闪耀了一下，向地面栽去。

日军飞行员尝到了中国飞行员的厉害，这时才如梦初醒，深感中国年轻的雄鹰不好惹，其余的飞机无力再战，惊慌失措地钻入云层，仓惶逃窜。在十多分钟的空战中，高志航击落日机两架，全大队击落日机 6 架，而中国方面无一伤亡。当晚日本广播称"18 架飞机中，有 13 架失去联络"。

高志航的飞行大队，首次与敌军交战，就取得了笕桥空中大捷，极大地鼓舞了我空军的信心和士气，狠狠地打击日本侵略者的嚣张气焰，也打破了日本木更津航空队不可战胜的神话。事后得知，木更津航空队队长因这次丢脸而自杀。

▲八一四空战中被高志航击中的日机残骸

中国空军首战告捷，杭州城沸腾了！晚上，万人集会，万家灯火，万民欢庆，整个杭州城沉浸在一片欢乐的海洋里。

杭州市长周家贤，带着大批慰问品，亲自到机场犒劳英勇的飞行员，慰问蓝天凯旋的英雄集体。

8 月 14 日被定为国民党空军节。有人为宣传中国空军 8 月 14 日的辉煌战绩，编了一首歌，其中有这样的句子：八一四，西湖滨，志航队，飞将军；怒目裂，血飞腾，振臂高呼鼓翼升，群鹰奋起如流星，掀天揭地鬼神惊。我何壮兮一挡十，彼何怯兮六比零，一战传捷，举世欢声。发扬民族的力量，珍重历史的光荣。这祝捷的歌声，响彻华夏大地，传遍长城内外，大江南北。

当然，8 月 14 日的辉煌，也包括这一天我空军在上海执行轰炸任务的其他大队、中队的英雄飞行员所取得的成果，我空军共同创造了 8 月 14 日的光辉业绩。

▲我军与敌空军大战

激烈巷战
沪东前哨与江防激战

　　中国空军取得了一个个辉煌的战果，击碎了日军"帝国空军无敌"的神话，展示了中华民族不屈外辱，不畏强权的巍峨雄姿！同时，它也震怒了东京。日本大批向上海增派援兵，不但要夺回制空权，还要从地面上找回他们在空中丢掉的面子和失去的威风。在市区日军疯狂地向我阵地进攻，中国军队勇猛地反击，进行了一场场恶战。在敌军登陆时，中国军队又在江防与之激战。

◎ 闸北沪东前哨战

　　负责市区作战的是第九集团军，总司令是张治中将军。自八一三战役打响后，张治中将军一直坐镇前线，指挥各部队向侵犯上海的日军猛攻。他以夏楚中的第98师的全部，全力攻打杨树浦；命宋希濂的第36师、王敬久的第87师推进到百老汇、唐山路、华德路之线；命新到的彭善的第11师及胡启儒的教导总团第2团控制江湾市中心，市区为总预备队控制。战士们皆奋勇争先，浴血奋战。

　　对整个淞沪战役来说，闸北与沪东的前哨战，只是一个短短的序曲，是激烈的街巷战，但它打得相当漂亮。战争一开始，中国军队以中路与左右两翼对敌军形成了包围之势，同时由于中国空军的主动出击，以立体的战术构成了对敌军的上下夹击形势。中国军队北起自宝山路，东止于杨树浦，一方面采取固守，另一方面用重兵在北面采取猛攻突进的打法。这么一来，只要我军任何一点进攻得手，都可以把东西两面的日军截断，使得汇山码头的日军很容易被我军从中央所突破。

▲在刘行司令部掩蔽部之第五军军长张治中（左）

汇山码头攻坚战打得相当艰苦，也非常激烈。这次战斗从8月20日开始到22日结束，几十个小时的苦战，使我军取得了在淞沪战争初期最大的胜利。

8月20日，中国军队分东西两路向汇山码头进攻。西路向虹口的天德路挺进，21日晚9时，沿天宝路、公平路、舟山路、兆丰路等一线猛攻，随后向岳州路、东有恒路、邓脱路、塘山路、百老汇路等横线挺进。东路则经杨树浦的华德路向西进攻，并且向百老汇路突入，以期与西路的我军会师于怡和路一带，共同进击汇山码头。

22日晨3时，中国军队趁夜色朦胧，向汇山码头发起总攻。第36师在总攻的最前面，新调来五辆战车作前导，还有步兵3营协同挺进，展开对汇山码头的猛烈突击。敌军工事坚固，还有猛烈的炮火还击，中方第一、第二战车全被击毁，进攻非常吃力。在进攻的途中，还要加以严密的搜索，将日军之残部肃清，任务就更加艰巨。到拂晓时分，由于进攻一时难以奏效，军队暂时退回百老汇路北侧稍事休整。

之后，中国军队发动了更猛烈的攻击，从中央突破，把敌军阵地拦腰截断，然后使敌军不能彼此照应而各个击破。攻入汇山码头敌军阵地时，展开激烈的巷战，日军被彻底打败。但日本海军实力较强，它即下令黄浦江的日舰下移，由虬江码头及汇山码头一带以密集的炮火向中国军队阵地还击。另一方面，日军还以杨树浦及虹口两地之日军司令部为依托，向汇山码头会合，企图夹击中国军队，来挽救自己的失败。而中国军队为了减少不必要的牺牲，在完成了对汇山码头的突击任务之后，旋即退出了汇山码头，使日军合击中国军队的企图落空。从而日军对于淞沪进攻的计划也开始改变，又企图在浏河口登陆来抄中国军队的后路，把战线从黄浦江延长到扬子江。所以，从汇山码头争夺战之后，战事的重心就转移了。

◎ 江防激战

当沪东与闸北、汇山码头正在激战之时，日本又决定往上海派遣军队，日第3、第11师相继来沪，企图登陆，协助海军陆战队作战，日方还派遣了松井石根来沪指挥。中国军队鉴于日军的行动，也采取了新的对策，新编组第十五集团军，以陈诚为总司令，专事负责江防沿线的作战。

敌军的进攻计划是，把战舰集中于吴淞口和张华浜的江面，然后与新增援上海的派遣军一起，向中国军队阵地展开大规模的进攻，同时企图在浦东登陆，在沿江地带取得一个立足点，继而向中国军队闸北、沪东包抄。

8月23日拂晓，日军在日舰密集炮火的掩护下，一部分从张华浜登陆，然后向两路局码头及蕴藻浜之间猛扑，另一部分从川沙口登陆，向浏河、罗店、宝山进犯，于是战事中心移至月浦、罗店的江防一线。我国守军与登陆的日军展开了激战，但由于敌军来势凶猛，未能有效地阻止敌人的进攻，江防告急，第九集团军总司令张治中急调兵增援江防沿线。

当中方援军未到达之时，守军在吴家桥、徐家宅、姚家宅至张华浜之线猛烈地反击日军的进犯，炮兵也与江面日舰展开了激烈的炮战，一艘日舰被中国军队击沉。

▲八一三淞沪抗战中我军街心阵地

中方增援部队第87师一部和第11、第98师在宝山、罗店、刘行等地，阻止日军登陆。而日军在飞机、大炮的协助下强行登陆进攻，主力部队由石洞及川沙口登岸，直袭罗店，于是中日双方在罗店附近展开了惨烈的争夺战。直到晚间，中国军队才将罗店的残敌逐出，收复罗店。此役影响重大，它不仅稳住了正面战场，而且保护了后方的交通，保证了后续部队的陆续增援。此时，还有一部分日军在罗店之西北负隅顽抗。而在狮子林方面，中国军队已把日军击退到江边。

因有很长的沿江和沿海防御线，所以要完全遏止日军登陆也是比较困难的。日军凭借着战舰、飞机炮火的优势，全力保持其在江岸所获得的立足点。

8月26日，日军继续在吴淞登陆，企图牵制中方罗店方面的力量。次日将张华浜与蕴藻浜两地占领，准备再次进攻罗店。然而日军的计划并没有实现，由于我军的猛烈反击，日军一直龟缩在张华浜和蕴藻浜两车站之内，罗店西北之敌一直处于我军的包围之中。

日军恼羞成怒，急忙调兵遣将，用全力与我军争夺罗店。他们一方面巩固及扩大吴淞的据点，猛烈冲击炮台，并将吴淞的炮台高地占领，另一方面又亟待进犯罗店。

▲日军占领吴淞炮台

9月5日，泗塘河对岸的日军，以立体的战术向西岸的我军阵地发动猛烈攻击。蕴藻浜、张华浜一带的日军，也于7日强渡南泗塘河，用大炮、战车冲击我军阵地，终被我英勇血战的将士击退。

对于日军来说，虽然江防一带的作战很不顺利，遭到了中国军队的顽强抵抗，但是他们不惜代价，用全力来突破这个防线，目的是为了配合罗店之战，也为后来蕴藻浜大战作准备。所以，张华浜与蕴藻浜的江防激战与宝山、罗店之战，都是八一三淞沪会战中的重要战斗。

总之，由于江防沿线布置得较为周密，而战略方针又是以持久战为基础的，所以，对于江防一线，日军虽倾其全力来与中国军队争夺，终因中国军队将士的奋力反击一时陷入进退两难的境地，并且为江防之战付出了相当大的代价。

血肉磨房　罗店之战

　　江防一线的激战，是以罗店为中心展开的。罗店之战，在整个淞沪会战中，都称得上最为惨烈，它被日军称之为"血肉磨房"。其总的态势是，中国军队先将日军包围，敌军又增援对中国军队作反包围，中国军队再复增援围攻，如此层层包围，双方进入短兵相接、掷弹互炸的恶战场面，两军惨战，罗店成了一台"磨肉机"，一座"血肉磨房"。

◎ 血战之前

　　日军沿长江江岸登陆的主要目标，一是为抢占宝山县城，一是为罗店。前者是江口的重镇，后者是吴淞、浏河与嘉定的会合点。敌军以主力进攻罗店，是企图夺取罗店，威胁嘉定，直出京沪路，以断上海中国军队的退路。

　　8月23日拂晓，敌增援部队一部分从张华浜登陆后，以一个师团的兵力从川沙口分兵，一路犯浏河，一路袭罗店，一路向宝山前进。中国军队在以上地点进行了英勇的抵抗。

　　罗店是日军进攻的主要目标。从8月23日到9月10日的三周当中，敌军先后增援的约有五个师团的兵力，其中在浏河登陆的有四个联队，在吴淞登陆的有三个联队，而在罗店登陆的就有七个联队。

敌军先以六七百人乘隙由川沙镇经木杓镇潜进罗店，因中国军队守备力量薄弱，罗店被其占领。敌军作战的重点是向罗店通往嘉定公路两侧地区进行攻击，企图威胁我战区的左翼。中国军队以陈诚部彭善将军率领的第 11 师从 24 日起，对进犯罗店之敌实行反击，另外李树森将军率领的第 67 师、霍揆彰将军所率的第 14 师及第七十四军王耀武的第 51 师也直接参加罗店反击战。

◎ 第 14、第 67 师英勇杀敌

奉命增援的第 14 师，辖第 40 和第 42 两个旅，每旅两个团。因第 40 旅的 80 团和第 42 旅的 84 团正在防守江岸，无法撤下，只有 79 团和 83 团两个团在师长霍揆彰的率领下，由常熟星夜兼程，直奔罗店。

此时，在罗店前线作战的第 67 师已伤亡过半，但各级官兵同仇敌忾，斗志高昂。蔡炳炎旅长更是身先士卒，经常深入团营前线督战，表现得十分英勇。当时，由于中方的军火与装备均远逊于日军，在战斗中，日军利用其武器装备的优势，多次出动大量坦克，掩护其步兵向我阵地发起攻击。同时，还派遣他们的所谓"空中王牌"木更津航空队，每次以数十架飞机向我阵地来回扫射、轰炸，使罗店之战更为艰苦惨烈。

当霍揆彰师长抵达嘉定时已是晚上，他得知罗店尚在敌军之手时，马上就与参谋长郭汝瑰商议对策。他们认为虽然自己只有两个团，但右侧方是中国第 67 师，因又是在夜晚，敌人不知中国援军已到，这样我们可以主动出击，打敌人一个措手不及。一个团正面进攻，另一个团迂回到敌人背后，两团夹

▲八一三淞沪抗战中彻夜血战中的我军阵地

击，夺回罗店。他们商议好作战方案后，立即命令高魁元的83团由西向东发起正面进攻，阙汉骞的第79团迂回包围，通知第67师从右侧佯攻。

高魁元接到命令后，率团从正面向罗店发起攻击，不料罗店西侧有一条小河挡在冲锋道路的前面，河面上仅有一座小桥，日军用轻重机枪将其死死封锁，挡住了中国军队前进的道路。83团虽然数度向这座桥发起进攻，但因缺乏战斗经验，加之山炮营尚未到达，无炮兵支援，正面进攻受阻。

迂回到后侧的79团，也被一条小河阻挡，阙汉骞团长命1营、2营原地待命，3营渡河攻击。3营的战士们立即找来一些桌椅板凳，搭起一座简易浮桥，很快到达对岸。敌人正在酣睡，被中国军队的突然攻击搞得惊慌失措，四处逃窜。3营一举捣毁了敌人代号为"清水"的司令部，占领了被日军盘踞的一个堡垒，缴获了大批的军用物品。这时正面枪声很激烈，3营官兵不明情况，加上天已发亮，他们不敢前进，就隐蔽在一块方圆不到两公里的竹林子里。不想被敌人发觉，用大炮、轻重机枪向他们开火，并用飞机进行轰炸，3营迅速撤退。

当3营来到原来渡河的岸边时，看到夜里用来搭浮桥的大部门板、桌子都被水冲走了，给渡河造成了很大的困难，前面无路可走，后边敌人又在追赶，不少士兵被敌人打死，有些在抢渡河时被淹死，3营营长阵亡，士兵生还者不到半数。79团的另外两个营全部撤退下来。83团虽也撤了下来，但伤亡了200多人，付出了沉重的代价。

第14师司令部原设在嘉定城内，当部队对罗店发起攻击时，师长霍揆彰和参谋长郭汝瑰商量，为了便于就近指挥，将师指挥所推进到施相公庙。当战斗打得最激烈的时候，负责江防的陈诚将军到前线视察，他到师指挥所时，不时有敌人的枪弹飞来，他当即向师长指示："指挥所太近前线，须乘夜暗时撤退下来隐蔽。"陈诚离去后，霍师长立即下了撤退命令。由于月浦方面战斗激烈，第14师奉命将罗店方面的任务交给了第11师和第67师。

◎ 第 11、第 51 师同仇敌忾殊死战斗

1937年8月9日，第十八军第11师奉命北上增援华北，快到保定时，日军登陆猛攻上海，该师又奉命立即东下，并在月浦与敌遭遇，展开激战，18日傍晚到达上海大场郊区。

当第11师接受攻打罗店的任务后，首先在战术上作了部署，以65团和66团进攻罗店，62团协同浏河附近的第67师进攻月浦。师长彭善亲临指挥，以劣势装备攻击武器精良的敌人。敌军凭借构筑的坚固工事，向中国军队猛烈射击，中国军队几次冲锋，均受压制。但广大官兵同仇敌忾，士气高涨，勇敢无比，与敌人殊死搏斗，全师伤亡很重，有四位营

长为国捐躯。

张治中将军急于了解罗店的战况，派出两名参谋乘车驰往罗店了解情况，协助指挥。谁想来到镇口，汽车便被日军击毁，司机牺牲。

65团1营营长林映东率部抢先占领罗店以南三岔路口和李家集附近的要地，在此与敌人进行激战，控制了罗店敌军的进出。这一仗虽未夺回罗店、月浦，但敌军遭到严重打击，伤亡惨重，不能前进一步，与中国军队形成了对峙状态。在这次战斗中，林映东营长也身负轻伤，但他仍坚守在阵地不下火线。

日军依仗着自己武器装备的优势，不断对中国军队发起攻击，但其战术大同小异，很少变化。总是在天蒙蒙亮的时候，以飞机对我军阵地狂轰滥炸一阵，再升起气球，指示海军和陆地炮兵作第二次炮击，然后步兵在坦克车的掩护下向中方阵地进攻。

中国军队制胜的法宝则是利用夜间切断公路，埋设地雷和成捆的手榴弹，设置多种障碍物；埋伏在公路两侧，不断袭击日军哨兵；待日军开道的坦克车陷入深坑，对其车后跟进的步兵甩手榴弹，或拼刺刀进行肉搏。这种歼敌方法，屡屡生效。

罗店、月浦一带的日军，为了达到预定的目标，经常出动较多的兵力攻击我方阵地，但统统被击退，双方形成了拉锯战。一次，敌人在海、空军的掩护下，向第11师正面发起攻击，来势凶猛。我们的士兵怀着满腔的仇恨与日军进行殊死肉搏，整个战场敌我双方搅在一起，枪声、刺刀碰撞声、喊杀声及受伤后的呻吟声相互交汇战斗异常惨烈。第11师已八次补充连排长，有的连仅存官兵十余人，但仍坚守阵地，就连日军也不得不承认这一线的中国部队是中国的精锐部队。

中国军队经过大举反攻，激战至 8 月 25 日夜，将罗店敌军逐出，在月浦之线与其形成对峙。到 27 日，罗店又被日军攻陷，中国军队退守施相公庙、蒲家庙。罗店之战是一场苦战，一场恶战，中国军队为此付出了很大的代价。

国民政府密切关注着罗店之战，严令攻击，并下死命令："罗店关系整个战局，须要限期攻下！我军将士要有进无退，不成功便成仁！"

这时陆军第七十四军第 51 师也奉命从外地赶赴上海，进入了罗店前线阵地，并迅速筑好掩体战壕。邱维达师长命令部队积极备战，用高射机枪构成低空火力网，抵制日机低空轰炸扫射，准备夜袭敌军。

8 月 29 日夜，罗店笼罩在浓重的夜幕中。突然一颗红色的信号弹飞向夜空，中方阵地机关枪喷出了愤怒的火焰，手榴弹在日军中开花。3 营营长胡豪率领预备队，以两个加强连的兵力，从罗店南侧冲进日军阵地。

日本兵从睡梦中惊醒，慌忙拿起武器应战。中国士兵时而举枪射击，时而挥枪拼刺，将日军杀得鬼哭狼嚎。次日天一亮，大批日军蜂拥而来，双方又展开更为激烈的战斗。

中国军队参加罗店战斗的各个部队压力都很大，伤亡也比较严重。有的部队，一个师投入战场，撤下来时，仅剩下一个团的兵力。负责罗店指挥作战的陈诚给时任第十八军军长罗卓英将军下了命令：只要守住阵地，就是把第十八军打光，也在所不惜！8 月 29 日以后，我军仍与敌军相持于罗店—月浦线上。

这时，日陆军指挥官松井石根见在罗店没有进展，急红了眼，他令第 11 师团多田骏部，从川沙口登陆，占领陆家宅、沈宅一线，以威胁中国军队侧背。罗卓英军长命令第 67

师的蔡炳炎之第110旅，必须消灭陆家宅一线的日军。蔡炳炎旅长接到命令后，亲率全旅官兵趁夜色扑向陆家宅，立即向敌军发起猛烈的攻击，敌人还没弄清是怎么回事，就全部被歼灭。

次日黎明，敌援军赶到，在飞机、大炮和装甲火力的掩护下，向中国军队发起了更大的进攻。蔡炳炎指挥全旅将士，冒着日军的炮火，顽强地打击敌人，并不时发起反冲锋！双方殊死搏斗，死伤都很惨重。由于中国军队武器装备粗劣，付出的牺牲更大。蔡炳炎深知形势严峻，他大声疾呼："本旅将士，誓与阵地共存亡，前进者生，后退者死，其各凛遵。"狭路相逢勇者胜，"吾辈只有两条路，敌生，我死；我生，敌死！"说完他端起步枪，带头冲向敌群，与日军展开了惨烈的肉搏战。突然敌人的一颗子弹击中了蔡炳炎的胸部，顿时鲜血如注，但他仍然高喊："前进！前进！"……蔡旅长永远地闭上了眼睛，他的鲜血洒在了他战斗的土地上。

▲我军郊区阵地

▲ 罗店金家宅鏖战，某旅在进攻前研究敌情。

尔后，三路日军对罗店防线展开集团强攻。第十八军将士苦撑了五天，已经是精疲力尽，部队伤亡惨重。这时，数百名日军从右翼阵地突入我军阵线，守军几乎全部阵亡。缺口被打开了，大批日军蝗虫般涌来，阵地动摇了，我军只得再次撤出阵地。

南京政府闻知罗店又一次失守，严厉斥责陈诚不该放弃坚守，下令组织反击，夺回罗店。陈诚亲赴前线，重新组织第11、第14、第67师组成突击部队，向罗店反击！

在枪林弹雨之下，我军勇士们舍生忘死，向罗店发起连续不断的冲锋。罗店，已变成一间名符其实的"血肉磨房"，到处是尸体，血流成河。

到了9月10日，中国军队仍坚守在罗店—江湾—北站一线上。中国士兵用骁勇善战和坚毅不拔的精神，使世界了解了中国士兵的战斗力，他们不是不善战斗和易受恫吓的。英国人士史摩莱少将说，他从没有看过比中国"敢死队"的行为更壮烈的事情了。这是对中国军人战斗精神的高度评价，这是中国军人的荣誉和骄傲！

固守宝山　喋血吴淞镇狮子林

　　正当罗店处于激战之时，日军也同时把攻击的目标指向了宝山城、吴淞镇、狮子林。

　　8月20日，日增援部队盐泽师团一部由宝山狮子林登陆，侵入罗店，向我第11师进攻。当晚，第98师奉令调到宝山月浦方面，归罗卓英指挥。当时第98师的部署是以第292旅583团守卫宝山及狮子林炮台之线，阻敌登陆；第294旅在月浦以东地区构筑村落防御，阻止敌人。

　　8月25日，日军在狮子林炮台及宝山之间大举登陆，首先攻占狮子林炮台。中国军队在狮子林与敌军展开了一场恶战。8月30日，奉命驻守长江口沿江阵地的我十八军第98师第292旅旅长方靖，决定派538团3营营长姚子青，率领500名将士开抵宝山防地，为固守宝山城，全营官兵壮烈牺牲。

◎ 血战之初

　　敌军攻占宝山的目的，是企图由宝山攻月浦，然后与罗店的日军会合。为此，日军在战略上作了全面部署。日军先用两个联队向第294旅月浦阵地展开攻势，然后利用海军炮击中方阵地，每分钟发射炮弹百余发，并用气球升空观测，命中率相当高。但由于中国军队的英勇反抗，敌人的步兵前进也非常缓慢，因为每进一小段必须构筑机枪掩体工事。

敌以步炮空联合作战，而中国军队则以步枪、机枪、迫击炮应战。有时中国军队派出夜袭部队与敌激战，并利用村落房屋构成据点工事，逐村防守。这样大约坚持了一星期之久，村落阵地多被敌机敌炮击毁，官兵伤亡很大，但士气仍很旺盛。后中国军队改变了以村落房屋为据点的办法，在村前百米的空地上构筑成坚固的工事，用这种方式阻击敌人，使中国军队伤亡日渐减少。

宝山城虽然处于海边，却是日军攻占的重点，因为宝山恰巧位于吴淞口，为江中日舰炮火射程所及。

9月1日凌晨，日军向宝山发起进攻，吴淞口外，日舰巨炮不断向宝山轰击，一时间宝山上空火光闪闪，宝山城中炮声隆隆。日军飞机从航空母舰上起飞，在宝山上空盘旋，俯冲投弹扫射。一日之间，宝山城垣被轰垮十余次，均被中国军民抢修复原。

第二天黎明，日军分四路攻来。他们端着钢枪，"呀——呀——"地号叫着，一次一次地向宝山进攻。连续几日，日军发动了数次进攻，均被中国军队击退，双方每天都有相当大的伤亡。但中国军队官兵坚守阵地，誓与阵地共存亡。

◎ 壮哉！姚子青营

姚子青，黄埔军校第六期毕业生。时年29岁，浓眉大眼，是一个血气方刚的青年军官。面对残暴的入侵日寇，他早已愤慨不已。在接受任务时他说："子青守土有责，誓与宝山共存亡。"

9月5日，日军400余人，由城北沙龙口偷袭，进犯城南，并将由宝山到杨行的公路截断，企图阻止中方援军。宝山外围的中国军队在此进行了顽强的抵抗，因腹背受敌，伤亡较重，遂退守泗塘河防线，宝山城陷入日军的包围之中。

9月5日午后，日军集中军舰30艘、飞机20架、坦克10余辆，用钢铁战术向宝山城及外围发起了强大的进攻。

2000余名日军又一次向宝山城猛扑过来。乘敌人立脚未稳之际，姚子青下令出击，孤城宝山陷入了血战之中。

中方守军一个营500余名官兵，在营长姚子青的指挥下进行了英勇抵抗，打退了优势之敌的多次攻击。当晚，营长姚子青致电上级指挥官，表示："誓死与敌偕亡之旨，固守城垣一息尚存，奋斗到底。"

▲ 姚子青

次日凌晨，攻城日军和川沙口方面的日军取得联系，夹击宝山，长江中的日舰也集中炮火轰击宝山城。日军第68联队队长鹰森孝手挥指挥刀，亲自率兵一起攻城。站在城墙上的姚子青一枪射去，子弹穿透了鹰森孝的右臂，指挥刀也被甩落在地。姚子青下令冲锋，战士们奋勇杀向敌阵，敌人又一次溃退了。

9月6日，城内孤军曾与城外援军呼应，夹击敌军。由于吴淞镇已为日军所突破，攻击宝山的日军得到增援。敌人以飞机、战车、大炮掩护步兵进攻，双方拼死血战。日军还发射硫黄弹助战，刹时浓烟漫天，一片火海。

9月7日晨，日军集结30余艘战舰、20余架飞机、20余辆坦克，集中火力向宝山城发起了强大攻势。中国军队在姚子青营长率领下，一面仍坚守不退，奋勇杀敌，一面还搬取断栋折梁和瓦瓮碎块及桌椅等填补缺口。后来日舰大炮把县城东南角击毁，日军乘机从城墙缺口处涌入，姚子青率领全营官兵与敌人展开激烈巷战，坚守不退。

敌人源源而来，可是苦战了几昼夜的中国军队官兵已到了弹尽粮绝之地，这时，姚子青叫来士兵魏建巨，让他避过敌人出城向上级报告战况，并对他说："你去向夏师长报告，我营官兵誓与宝山共存亡！"

魏建巨走后，他把连日血战后剩下的70多名战士集中到一起，把刺刀上好，对大家说："军人为的是尽忠报国。今天，死的时候到了，大家都要死出个中国人的样子来！"说罢，官兵们一起举枪高声呼喊："有我无敌！有我无敌！誓与宝山共存亡！"

这时突然一声巨响，城门被日军炸开了，敌军的战车伴着人流潮水般地拥了进来。"冲呀！"姚子青一声令下，70多名战士如猛虎下山向敌群扑去。

在敌军猛烈的枪炮声中，70多名战士不断有人倒下。姚子青身先士卒，与官兵们一起同敌人短兵相接，白刃巷战。突然，他的腹部被敌弹片击中，肠子流了出来，血染红了全身。但是他却捂着肚子仍然大声地对战友们说："弟兄们，杀身成仁，报效祖国的机会到了！"他欲再次冲向敌人，但终因伤势过重而倒下了。战士望着营长倒下的身影，含泪向敌人杀去。

这时被打穿右臂的日军第68联队队长鹰森孝从后面急忙赶来命令士兵停止射击，他要抓几个活的中国士兵，想看看是什么精神鼓励着他们战斗，可是如今许多大日本帝国的武士们却倒在中国士兵的枪口和刺刀下。

战场上震耳欲聋的枪炮声，使日本兵根本没有听到鹰森孝的喊话，吃够了宝山城中国守军苦头的日军，疯狂地向我官兵扫射。我顽强奋战了几昼夜的士兵，最后全都倒在血泊中。

在倒下的士兵中，还有一个气息尚存，日军士兵端着枪直扑过来。这个士兵浑身是血，但他异常冷静，他仿佛没有看到日军那一幅幅狰狞的面孔和那一把把血淋淋的刺刀，用双臂支撑着身体，一点点地向姚子青营长爬去，在他爬过的地方留下了一道鲜红的血痕。士兵随手抓过姚子青手中的那支枪，将刺刀刺进了自己的喉咙，他没有留下自己的名字。

进攻的日军停止了射击，停止了脚步，停止了叫喊，一下子全都惊呆了。他们被这一幕壮烈的图景深深地震撼了！良久，鹰森孝用低沉嘶哑的声音说："真正的军人！"日军士兵一起举枪，向天空鸣放，枪声震撼着一下子沉寂下来的宝山城！

当宝山失守，500 余名姚子青营的官兵全部壮烈牺牲的消息传到第 98 师的时候，师长夏楚中沉默了，他低声下令："脱帽！"第 98 师指挥所全体人员向宝山城方向脱帽致哀。

当时上海租界的《大美西报》曾发表文章说："此次姚营全部殉城，其伟大壮烈，实令人内心震动而肃然起敬。此不仅是中国人之光荣，亦为全人类之光荣，其伟绩将永垂史册而不朽。"

◎ 喋血吴淞镇、狮子林

日军相继攻占罗店、宝山之后，松井石根命令第 11 师团协同第 3 师团迅速攻打吴淞镇，企图从正面打开攻占上海的大门。

　　防守吴淞镇的是张治中第九集团军杨步飞第 61 师的一个团。日军第 3 师团在海军强大火力的协同配合下，在吴淞口登陆，第 11 师团从陆地上向吴淞镇发起攻击。日军的两个师团以坦克和军舰上的大炮作掩护，两面夹击，凶猛地向我阵地冲来。中国军队腹背受敌，但全团官兵浴血死守，寸步不让。

　　在敌军向中方阵地开始发动攻击时，战士们伏在掩体内不动声色，沉着冷静，待敌人冲到掩体跟前时，迅速把手榴弹投向敌群，然后跃出掩体，与敌人展开肉搏战。由于双方短兵相接，敌军的大炮失去了作用。中方将士仇恨满腔，以一当十，英勇善战，敌人一个个倒下，不到几分钟敌人的进攻便被中国军队击退。这时中方以少部分兵力追击敌人，大部分赶修工事。

　　松井石根亲自坐镇出云号旗舰上，指挥攻打吴淞镇的战斗。他原想凭借着强大的火炮和优势兵力，三小时就拿下吴淞镇，可是五个小时过去了，吴淞镇在中方守军手中仍然岿然不动！日军被挡在外围，很难踏进吴淞街头一步。松井石根发火了，他愤然折断手中的指挥尺，让参谋部要通海、空军作战指挥官的电话，命令他们不惜一切代价，炸平吴淞镇。

　　日军 20 多艘军舰和 30 多架飞机一齐把目标对准吴淞镇，密集的炮弹铺天盖地而来，顷刻之间，吴淞镇房倒屋塌，变为废墟一片。中方守军在猛烈的炮火中，虽英勇搏斗，浴血抗敌，但终因日军强大的炮击而伤亡殆尽。吴淞镇失守了。

　　松井石根攻打吴淞镇得手后，又如法炮制，将全部火力集中于狮子林守军防线，发起猛烈的炮击。防守狮子林的是第九集团军夏楚中第 98 师路景荣的 583 团。

　　日军的炮火停止后，2000 余名日军蜂拥冲来，越来越近，逐渐靠近团指挥所，路景荣一声令下，官兵们跃出战壕，与敌人展开白刃格斗。

路景荣是个体恤部属、深受官兵爱戴的军官，进入阵地那天，他当众宣读遗书，抒发报国之志。后全团官兵庄严宣誓，与狮子林炮台共存亡。

战斗已到了白热化的程度，在这最后的关键时刻，官兵们早已将生死置之度外，当敌人源源不断地冲来时，他们个个一马当先，奋勇杀敌。白刃搏斗持续了四小时之久，最后583团官兵全部阵亡，他们用自己的血肉之躯，实践了自己的誓言。

在徐公桥第九集团军指挥所，当张治中将军得到狮子林失守的报告后，呆呆地站立了好长时间，最后才慢慢地吐出了一句哀婉的话语："壮烈啊！"

到此时为止，第98师已伤亡4960人，团以下军官就有200多人。战争是壮烈的，也是残酷的，但壮士们为国捐躯，舍身为国的牺牲精神，感天地，泣鬼神，可敬可叹，可歌可颂。

众志成城　全国军队奔赴淞沪

　　由于淞沪会战是重要之役，关系到首都的安全和国家的存亡，因此国民政府非常重视，除了野战军主力部队之外，广东、广西、湖南、四川、贵州、云南等地的部队在"抗日御侮，共赴国难"的号召下，按国民政府军事委员会的指令，先后参加了淞沪会战。他们有的从湘江资水走来，有的从巴山蜀水跨出夔门东下，有的从桂林南宁借道湘江千里北上，有的从岭南粤北挺进江南，有的从豫皖大地进军东海之滨，有的从黔东山区北上杭州湾两岸。京沪、沪杭甬沿线，赣江南北以及闽浙赣边区的部队，因所在位置与淞沪地区较为邻近，更是率先戎装荷枪，登上淞沪战场。

◎ 桂军参战

　　广西部队是参加淞沪会战的一支劲旅。淞沪会战打响后，南京的蒋介石发电报给广西的白崇禧，邀他即赴南京，共商淞沪抗战之大计。白崇禧是在两广事变解决后，被蒋介石以国民政府的名义任命为军事委员会常委的。当时，白崇禧和同时被任命为广西绥靖主任的李宗仁还发表了通电，表示了抗战的决心。通电中讲："痛念国家危亡，激于良心职责驱使，爰有前次请缨出兵抗战救亡举动，唯一目的，即欲以行动热忱，吁请中央领导，俾能举国同仇，共御外侮……今后一切救国工作，自当在中央整个策略领导之下，相与为一致之努力……"既已向国民政府和全国人民表示过抗战之志，当外敌入侵之时，军人自有报国之责。这时接到蒋介石的邀请，白崇禧爽快应答，并立即离桂赴宁。

白崇禧和蒋介石商量好桂军增援上海抗战之后，桂军奉命也要开赴淞沪战场，并按中央编制改换了部队番号，由每师三团扩编为二旅四团，组建成第二十一集团军，由廖磊任总司令，辖周祖晃的第七军、徐启明的第170师、杨俊昌的第171师、程树芬的第172师、韦之淞的第四十八军、贺维珍的第173师、王赞斌的第174师、莫树杰的第175师、区寿年的第176师。

抗战时期，凡是积极抗日，奔赴前线杀敌的军队都会受到广大人民群众的热烈欢迎。当第二十一集团军浩浩荡荡离桂赴沪途中，所经各地群众听说该部队是去上海打日本鬼子，都自觉组织慰问团上前慰问，广大青年学生到车上给官兵赠送鲜花、水果，使这些官兵都十分感动。

于是，从10月12日开始，第二十一集团军统辖的四个师即陆续从徐州沿津浦路南下，转京沪铁道向上海挺进。10月13日，第二十一集团军总部和第四十八军军部已到达江苏吴县。10月14日，第173师进抵黄渡以东之洛阳桥和胡家宅梅园一带，第174师抵达黄渡车站，第176师到达吴县，第171师在海州登车南下。①

---

① 上海淞沪抗战纪念馆编：《桂军与淞沪抗战》，上海人民出版社2011年版，第50页。

▲广西部队在淞沪抗战中

这时，中国第三战区参战部队在淞沪战场上对日本侵略军的战斗，已日以继夜地坚持了足足六十几天了。两个月余的鏖战，战线日渐扩展，作战规模越来越大，远远超过双方统帅机关的预计。战斗惨烈异常，伤亡兵员数量之多，为抗战开战以来所未有。广西部队登上淞沪战场之际，对于中国军队来说，正是这场会战非常关键和十分险恶之时。桂军第二十一集团军进入淞沪战场时，以争夺大场为中心的淞沪会战的新高潮正揭开战幕。

当时，在淞沪一带与日军展开搏击的有张发奎率领的第八、第十集团军组成的右翼军，以朱绍良率领的第九、第二十集团军组成的中央军，以陈诚率领的第十五、第十九集团军组成的左翼军。到9月底，日军凭借强大的海、空军力优势，展开对上海一带全线进攻，中国军队被迫层层防守，并将主力布防在蕴藻浜南岸，陈行、广福、施相公庙、浏河一线。10月7日，日军主力向蕴藻浜南岸阵地猛烈攻击，企图一举突破中国军队蕴藻浜南岸防线，进占大场，直趋南翔一线，以切断京沪线，迫使中国军队全线后退。经数日鏖战，日军攻陷南岸阵地。在此危机时刻，桂军廖磊率第四十八军和第七军第17师于10月15日及时赶到，奉命全力投入战斗。15日晚，第173师在陈家行、谈家头一带首先打响了战斗。第174师主力一部随即于17日也投入陈家行之战。

陈家行位于沪太公路西侧、蕴藻浜北岸，离大场镇西北不足20公里。它与其正东面20公里左右、大场镇以北沪太公路线上之刘行，同为大场北边屏障。刘行、陈家行、大场镇三足鼎立，中国军队凭此三点构成一个"品"字形防御阵地。实行"中央突破"方针的日军，乃集中主力攻这三地，而陈家行是刘行夺取后日军的必争之地，日军攻占大场前必先攻取陈家行。事实上10月初以来，中日两军在陈家行一带已进行了近两周的血战，双方多次拉锯，阵地不断易手，交战之惨烈连许多久经沙场的老兵都没有见到过。胡宗南部的第1师、第78师和西北军第32师在陈家行、顿悟寺一带阵地与日军鏖战旬日，给敌人以沉重的一击，但自身也遭到严重伤亡，不得不后调第二线进行休整。10月15日9时，廖磊在黄渡镇向韦云淞下达接防陈家行的战斗命令。当天12时，第四十八军军部下达作战旨令。子弹上膛，刺刀出鞘，以勇猛著称的八桂健儿与进犯的日军展开了一场生死搏斗。

10月19日，中国军队为消灭南渡之敌，并着力恢复蕴藻浜南岸阵地，决定兵分三路进行反攻。其中，经重新整编后的廖磊率领的桂军第二十一集团军以步兵六个旅编为第一路攻击部队，由谈家头、陈家行正面攻击前行，保持重点位右翼，第一攻击目标为盛宅、乔亭宅、顿悟寺一线，第二攻击目标为西塘桥、东赵家角、西六房一线。第十九集团军之第六十六军编为第二路攻击部队，由孟家宅、马家宅正面攻击前行，第一攻击目标为杨家宅、徐宅、唐乔头、卫家宅一线，第二攻击目标为田都、孙家头一线。第十五集团军以第 98 师编为第三路攻击部队，由广福、费家宅正面攻击前行，由东南方向压迫敌人，第一攻击目标为老宅、张家宅。其他第一线正面各师除坚守各自阵地，还要求挑选精干兵力编成数个有力突击队，向敌阵地要点突击，以策应攻击部队的战斗。原固守第一线阵地临近攻击部队的各师，又要抽调预备队协同进攻部队前进，以掩护其侧背不受攻击，同时配置炮兵有效进攻。

从 10 月 15 日至 20 日，桂军连续血战六天，蕴藻浜两岸炮声隆隆，火光冲天，喊杀之声不绝于耳。这六个日夜，广西部队在淞沪战场上初显身手，使得日军企图使中国军队正面作战部队侧背受敌的阴谋未能得逞，在桂军的历史上写下了英勇悲壮的一页。

在广西部队勇猛阻击向蕴藻浜南岸进犯的日军之时，淞沪会战的全局态势在一天天趋向恶化。日军 10 月 6 日自北而南突破蕴藻浜防线，10 月 18 日后，日军已在蕴藻浜南岸建立了比较牢固的阵地。10 月 27 日，日军作出开始进攻大场镇的决定，并命令各师团在 10 月 24 日前进入预备阵地。

10 月 21 日，中国军队的反击战几乎是和日军进攻大场镇的战役同时揭开战幕的。当晚 19 时，第二十一集团军为主力的炮兵开始火力准备，向日军阵地进行破坏性轰击。20 时，担任反击的各路部队开始全面出击，广西部队分为左、右两翼同时进击。

10 月 22 日清晨攻克陈家行、桃园浜。日军疯狂顽抗，倾全力大举反攻，陈家行以北之敌先以飞机及重炮密集轰炸陈家行一线的第二十一集团军阵地，继而以大队部兵由坦克开路疯狂反扑。第二十一集团军顽强抵抗，誓死坚守阵地，虽作战工事损毁殆尽，亦不作半步退却，守军损失惨重，北候宅、谈家头、陈家行阵地相继被敌突破。第二十一集团军为夺回阵地，三次发动反攻，虽拼死冲杀，终告失利。

10月23日，一场惨烈的激战再度展开。日军的炮兵和空军进行猛烈轰击，并以坦克助战，平推式强攻，广西官兵前赴后继，奋力血战。我军一次次发起反冲锋，阵地上杀声震天，枪炮声不断轰鸣。但是，这天的战斗终因伤亡过大未能扭转战局，把反击战向前推进，相反却在敌军前所未有的大规模的进攻下，发生了逆转。23日的惨烈血战成为这次反击战的终战。当晚20时，军队开始撤离战场，从而结束了历时三天，在淞沪会战中绝无仅有的大规模反击战。①

10月26日，中央作战军主力撤到苏州河南岸小南翔地区。之后，日军多次强渡苏州河，均收效甚微。此时双方处于对峙状态。

桂军第二十一集团军顽强坚守，勇猛冲杀，给日军以重大创伤，一定程度上迟滞了日军的凶猛进攻。

11月5日，日军大批部队在杭州湾登陆，然后迅速兵分几路直奔松江，对淞沪守军实施迂回包抄，同时苏州河方面之敌亦加紧向右岸攻击，中国守军完全处于腹背受敌态势。8日晚，中国军队全线撤退。② 在大部队撤退中，桂军将士们用自己的血肉之躯抵挡日军先进的战车火炮，坚持大军撤离后，于12日晚才终于忍痛告别了近三十天日夜奋战的淞沪战场，奉命向常熟转移。

---

① 上海淞沪抗战纪念馆编：《桂军与淞沪抗战》，上海人民出版社2011年版，第65页。

② 上海淞沪抗战纪念馆编：《桂军与淞沪抗战》，上海人民出版社2011年版，第8页。

◎ 湘军参战

八一三战役爆发之后，湘军的部分军队也参加了淞沪会战，在中华民族处于生死存亡的关键时刻，湖南部队响应抗日御侮、共赴国难的号召，从国内反共内战转变到抗日民族战争，喋血淞沪。他们从湖南的地界之内，走上了淞沪战场。

湘军是参加淞沪抗战的地方军队中规模最大、作战过程最长、战功卓著的一支劲旅，虽处敌我双方力量对比绝对劣势，但其作战之勇猛、牺牲之壮烈为世人所罕见。第15、第16师就是其中的代表。

如果说，在8月25日以前，淞沪作战的重心是在市区打攻围战，那么，在此以后，作战重心便逐步转向沿江阻击战方面。当战局重心转移的重要时刻，湖南部队第15、第16师登上淞沪主战场，与日军直接交锋，成为湘系军事力量中最早与日军交战的部队，官兵素质高，装备优于一般部队，作战经验丰富。

1937年8月，第15师从湘西芷江出发，徒步行军，千里北上，水陆兼程，前往南京，再由火车抵达上海。途中他们立下了"以身报国誓不生还"的遗嘱开赴淞沪前线，在昆山编入第十集团军，接替刘行阵地防务。[①] 第16师在8月28日前后，由浙赣东移，集结于杭州、萧山间，9月5日前后进入上海龙华、闵行一带。10日前后集结于南翔、大场附近。两师均归第十五集团军指挥。主要担任上海外围黄渡镇一带的防守

---

① 上海淞沪抗战纪念馆编：《湘军与淞沪抗战》，上海人民出版社2011年版，第4页。

任务。

9 月中旬，作战中心转移至蕴藻浜北岸沪太路两侧的刘行和陈家行一带。第十五集团军在蕴藻浜北岸部署了近十五个师投入战斗，组成三个作战区。其中，马陆镇、唐家桥、贾家桥、浦尖桥之线以东为第一作战区，以胡宗南、王东原为正副指挥官，参战部队有第 1 师、第 78 师、第 16 师、第 15 师、第 32 师、炮兵 16 团 3 营。

日军从南起虬江码头、张华浜，中经吴淞镇和宝山城，北至罗泾、川沙口的沿江地带，开辟了若干登陆场，并以此为基点向西攻击前进，企图在夺占罗店、月浦、杨行后，集中进攻刘行和陈行，截断沪太公路，然后南下越过蕴藻浜，把攻击的目标指向大场，进而席卷苏州河以北。9 月 15 日，日军主力沿着三个方向连续发动进攻。夺占刘行是松井石根首先想要达到的目的。

以胡宗南为指挥官的第一作战区，肩负着保卫刘行及其周围一带的任务。这里有来自三个方面的原本素不相识的部队：黄浦系中央军第 1 师和第 78 师、湘系部队第 15 师和第 16 师、原西北军第 32 师，大家为了同一个抗日目的站到了同一个战壕里。

9 月 16 日，第 15、第 16 师在淞沪战场上的第一场恶战打响了。部队一进入防线，即加强构筑工事，日军乘该师接防立足未稳之际，用大炮向他们的阵地发起猛烈的轰击，一连发射炮弹千发左右，炸得山摇地动、硝烟弥漫，许多连队的工事和掩蔽部被炸毁，有的战士被压在坑内。正当他们组织抢救时，敌人的坦克车又向阵地冲过来，第 16 师 92 团 3 连阵地在四小时之内，就被敌军连续四次猛攻。该连战士沉着应战，将敌击退，守住了阵地，但伤亡很大。

9月17日，日军约两万人向第15、第16师防守的窦家弄、孟湾附近阵地，向第1、第78师的胡家宅、顾家宅附近阵地，向第159师杨木桥、金家湾、朝王庙附近阵地，向第32师北杨宅附近阵地发起全面进攻。第16师96团再次猛烈出击，于凌晨三时夺回金家湾阵地。双方激战竟日，直至当晚，与敌形成相持。96团广大官兵英勇拼杀，彻夜奋战。[①] 同时，第48旅95团于傍晚前接替第1师4团阵地。敌军乘机发动袭击，官兵们沉着应战，当即进行逆袭击，将敌军打退。次日午后，第1师4团王宅阵地被日军攻占，95团再次出击，成功夺回原阵地，给敌军以狠狠的打击。

可是，左翼战线的整体态势却在发生着恶化。9月25日前后，左翼军全线退守北站、江湾、庙行、罗店以南、施相公庙、浏河之线，敌我两军在罗店以西和刘行一带日以继夜地反复展开拼杀，第16师坚守窦家弄、孟湾，第15师主守刘行镇主阵地，他们和其他几个师组成互相连接的纵深的防御阵线，阻击日本上海派遣军主力的进攻。

这时，中秋节已过，连绵的秋雨飘忽在阵地的上空，萧瑟的秋风给坚守在阵地里的士兵们带去了一阵阵的冷意。上海近郊临江靠海，河浜交叉纵横，地下水位较高，壕沟掘下不到一公尺，水就涌了上来，没法排除。来自南国的三湘子弟，许多人还都只穿着单衣短裤，双脚泡在水里往往一泡就是好几个小时，甚至几个昼夜，他们满身沾着泥浆。白天，日军不断出动飞机侦察，三架一组，五架一队，发现目标就俯冲扫射投弹。战地上没有防空武器，为了不暴露目标，白天不能烧火，往往

---

① 上海淞沪抗战纪念馆编：《桂军与淞沪抗战》，上海人民出版社2011年版，第31页。

总是吃不上饭，也喝不上水。到天黑以后，敌人的空袭和炮击较稀疏后，才能煮饭，但必须把火光遮蔽，不然夜间巡逻的敌机一见到火光就是一阵轰炸，偶有不慎，就会遭到伤亡。有时候可以吃上后方送到前线的饭，然而，战士们连日浴血奋战，早把自己的生死置之度外。

▲淞沪抗战前线战壕

湘军第 16 师在上海郊外的黄渡镇一带防御了一个多月，战斗了一个多月，敌军不知向他们的阵地发动了多少次进攻，都被坚守阵地的将士们一一击退。

为了报效祖国，誓与阵地共存亡，该师在淞沪战场上还执行连坐法，即凡在阵地战中，从师长到战士，谁后退就枪决谁。这对于整肃军纪和加强部队的战斗力起到了一定的作用，促使军队齐心协力，坚决抵抗，誓死保卫阵地。

有一次，敌人用 15 辆坦克开路，成群的步兵紧随其后向他们阵地进攻。当坦克车迫近时，一些战士将事先捆好的集束手榴弹（每捆12枚），抢着滚到敌坦克车下进行爆破，三辆坦克被当场炸毁，可是有八位战士为此献出生命。敌人被击退后，又增援猛攻，双方短兵相接。虽然第16师的战士们武器较差，但他们都是经过十余年训练的精壮战士，作战都很沉着勇猛。当敌人距离较远时，为了节省子弹，不轻易射击，待敌人靠近时，他们冲出战壕，与敌人拼刺刀，进行肉搏战。其中有一个连，连长叫覃振铭，他身先士卒，在他的带领下，官兵上下一心，团结一致，经过三个小时的血战，最后终于以血的代价换取了胜利。

10月1日，刘行保卫战的最后一战到来了。第15师为保卫刘行镇与敌展开了空前惨烈的生死拼搏。这天拂晓，已攻入刘行北部的日军向刘行南侧的第15师90团阵地猛攻，阵地被突破，形势十分危急。第15师在第57师的协同下，迅速组织反击，拼死夺回阵地。上午10时许，敌军再次发起进攻，刘行镇被敌侵入。第15师血战十多个小时，伤亡惨烈，但是官兵们却越战越勇，他们杀声震天，手持刺刀，杀向侵入刘行的敌人。第15师击退日军20多辆坦克的进攻，在刘行坚守了二十八天，与敌进行了数十次的肉搏，打退敌人十多次的进攻，他们战斗的悲壮给日军以巨大的震慑。

第16师于10月1日，撤至西塘桥后，进入陆家桥至陈家行一线阵地固守，为保卫陈家行、阻击日军南渡蕴藻浜而展开一场血战。10月上旬，第16师和友邻部队在这一带日以继夜地阻击日军南下。10月3日，第46旅勇猛出击，将浜北沈宅、朱宅日军予以驱逐，敌军二度反击，均被打退。次日，日机对第46旅第一线阵地进行狂轰滥炸，第48旅官兵冒着炽烈的火光奋勇前进，增援陈家行右翼和南岸的阵地。

6日上午，日军攻占石驳岸，向浜南扩张之时，第16师96团冒着日军猛烈的炮火进行反击，当天中午，以五个步兵连、两个机枪连从陈家行前出丁家桥，会同第8师44团击退石驳岸西北之敌，战至当晚8时，终于将蕴藻浜南岸之敌击回北岸。第二天，一场更大的血战又开始了……

湘军第16师，在淞沪作战中坚持战斗，寸步不让，他们奋力拼搏，空前壮烈。敌军以一个师团7000余人的兵力，加上飞机、坦克和舰艇炮火配合向他们发起攻击，但该师官兵坚守阵地，一次次地击退敌人，这是敌人意想不到的。

在以后的近二十天中，第16师先后参加了蕴藻浜、走马塘中间地带激战，南翔以东反击战和大场以北的阻击战。

战争是残酷的，但是我们的将士明知战场危险，也没有丝毫畏惧，当祖国需要的时候，当中华民族遇到外敌入侵的时候，他们都能够挺身而出，共赴国难，"宁为战死鬼，不作亡国奴"。一个战士在家书中写道："我生逢其时，死得其所，死亦安矣"，表达了他为国捐躯的决心。

◎ 川军参战

淞沪会战的枪声，把川军也吸引过来了。第二十军是四川军队中最早参加抗战的部队，军长杨森电陈蒋介石请缨杀敌，蒋复电嘉许，令其率部开赴上海。

川军，人称"双枪将"，士兵们往往佩带一支步枪，一支烟枪。长期的内战，使川军名声不佳。而在民族危亡时刻，川军将士在极其仓促、缺乏演练、装备简陋、军费不足的情况下，义无反顾地奔赴战场，英勇杀敌，尽显热血男儿本色。

在开赴上海前，第二十军按中央规定进行了整编，由三个师缩编为两个师，为杨汉域的第 133 师，辖周翰熙的第 397 旅和刘席函的第 399 旅；杨汉忠的第 134 师，辖罗润德的第 401 旅，杨干才的第 402 旅。

部队从 9 月初分别从黔西和安顺出发，一路上几乎每日翻山越岭，前进百余里。他们先在贵阳集中，贵阳各界民众为他们举行了隆重的欢送大会。

杨森军长对部队训话说："我们过去打内战，对不起国家民族，是极其耻辱的。今天的抗日战争是保土卫国，流血牺牲，这是我们军人应尽的天职，我们川军绝不能辜负父老乡亲的期望，要洒尽热血，为国争光。"

全军由浦口渡过长江，从南京乘列车疾驰上海。10 月 8 日，抵达嘉定南翔，迅即进入淞沪主战场蕴藻浜沿岸一带阵地。① 这时，以大场为中心的淞沪会战的新高潮正揭开战幕。

川军到达阵地后，便在南翔车站附近一号桥后的一个院子里设立了军指挥部，10 月 9 日，川军第二十军编入第十九集团军第六军团战斗序列，受第十九集团军总司令薛岳指挥，负责大场以北、蕴藻浜沿岸的桥亭宅、顿悟寺、陈家行一线的防守，右翼与大场王敬久军、左翼与阮肇昌的第六十九军衔接。

第二十军的防线，原为第 32 师王修身负责。当第二十军接防之时，正值日军实行所谓"第三次增援，第四次总进攻"之际，数万名敌军以桥亭宅、顿悟寺至陈家行一线为攻击重点，采取中央突破的战术。第 32 师阵地失守。正在这个节骨眼上，第二十军奉命增援，第 133、第 134 师接替了该段防线，可谓重任在肩。

---

① 上海淞沪抗战纪念馆编：《川军与淞沪抗战》，上海人民出版社 2009 年版，第 36 页。

10月15日黄昏，天空下起了秋日里少见的瓢泼大雨，第134师第402旅旅长杨干才接到命令：派兵一团于夜间向敌反攻，收复友军失地桥亭宅、顿悟寺阵地。杨即令第804团团长向文彬执行任务。

向文彬团长接受任务后，即率团进入攻击准备状态。向文彬带领营连长，冒着大雨侦察地形，他紧锁眉头，在心中把作战部署重新温习一遍，在兵力分配上，804团实际上只有两个营，以两个营的兵力去对付装备精良的日军，其难度可想而知。向文彬决定采取纵深配置、两个营交替作战的方法，再加上死拼！雨雾中的秋夜来得更早。入夜后，他将手臂一挥："开始出击。"话音未落，向文彬已经跳出战壕，向敌军阵地冲去。战士紧随其后奋勇冲杀。这时，日军以比雨点更密集的枪炮疯狂扫射。不少士兵倒下了，鲜血飞溅。但官兵们前赴后继，冲锋的锐气丝毫不减。有一个排冲到敌军阵地前时，竟只剩下一名战士，那名战士毫不犹豫地拔出刺刀，跳进敌军战壕，连续与四五个日本鬼子英勇搏杀，最后拉响手榴弹与蜂拥围上的敌军同归于尽。

向文彬深知，武器相当低劣的川军要想战胜日军，唯有舍命逼近敌人，靠肉搏拼杀出一条血路。

日军见短兵相接不能占上风，便尽量脱离与川军的接触，利用装备精良的优势，集中火炮向川军阵地猛烈轰击。无数颗炮弹呼啸而至，火光冲天。同时，日军又出动一架接一架的飞机轮番轰炸，阵地前尘土飞扬，硝烟弥漫。向文彬脚部受伤仍继续指挥战斗。

日军想用密集的炮火夺回阵地，但是他们失算了。向团战士毫不退让，在向文彬的指挥下，两营交替出击，越战越勇。有的士兵被弹片炸飞了腿、胳膊，一边流着血，一边匍匐着在地上继续还击。用来作为工事的沙包早已经被炸平，活着的人就将身旁的战友尸体垒起来做掩体，有的官兵身受重伤，就请战友为自己绑上手榴弹，集结最后一丝力气，大喊着冲向敌群。

夜，一点点地隐去，迎来10月17日的凌晨，喧嚣了整整二十多个小时的战场终于沉寂了下来。向文彬清点全团人数，营长只剩一位，连长全部牺牲，排长只剩四位，士兵尚存120人。向文彬终于拨通了旅部的电话："阵地收复了!"①

按杨干才旅长原来计划，等该团完成任务后，由李麟昭803团接防，804团休整。这时他又改变主意，仍由这个团继续防守，并将所剩官兵编成一个连，由营长彭焕文指挥，连夜修复工事，固守待援。

向文彬的804团是第二十军中最先参战的部队，且单独执行任务，完成较好。阵地收复后，蒋介石亲自打电话给向文彬，将其提升为少将，奖金6000元。次日又来电正式嘉奖，并对川军的勇敢作战精神大加褒扬。

向文彬收复桥亭宅、顿悟寺阵地后，林相侯的802团进入蕴藻浜阵地，掩护我右翼部队。第二天，日军一部分与向文彬团相持，另外敌集中兵力，在飞机大炮的掩护下，向林相侯团阵地猛攻。双方激战一天，日军多次进攻均被击退。林团长身先士卒，始终在第一线与敌搏斗，最后饮弹殉国。全团伤亡很大，只剩下200余人，编为一营，由营长胡国屏率领。

为了守住阵地，801团又冲上去了，接着第133师第397和第399旅也先后投入了战斗。他们在战场上一连激战了七昼

---

① 上海淞沪抗战纪念馆编：《川军与淞沪抗战》，上海人民出版社2009年版，第42—44页。

夜，使日军未能前进一步。虽然他们伤亡很大，但官兵出于民族义愤，且有向文彬做榜样，越战越勇，越战越强，阻遏了敌人的一次次进攻，使阵地坚如磐石，固若金汤。

从 10 月 10 日至 16 日，第二十军对日军连续展开了五次血战，阵地五进五出，得而复失，反复争夺。川军健儿以血肉之躯，进行着顽强的战斗。

后来，杨森的第二十军撤离阵地，到南京休整。蒋介石召见杨森说："你的部队这次在上海打得很好，第一批进口枪械到时，优先给你补充。"并发奖金 3 万元以示慰劳。随即命令第二十军到安徽休整，担负防守安庆的新任务。川军的参战，为挽救淞沪战局注入了新的精锐力量，也是给予了抗日民众一个新的希望，他们喋血疆场，屡挫凶顽，以自己勇猛的拼搏，赢得了"川军能战"的声誉。

◎ 黔军参战

在赴沪参战的部队中，还有来自贵州的第 102 师、第 26 师和一个独立第 34 旅。虽然规模不大，人数不多，但他们在战场上奋勇克敌，英勇不屈，奋力拼搏，屡建战功，表现了很强的战斗力。

第 102 师战况

第 102 师是由贵州部队第二十五军第 2 师改编的，辖三个建制团，一个补充团，共约 1 万人。除副师长胡松林是湖南人外，全师官兵都是贵州人，其中一部分是少数民族。这个部队由于历史传统关系，地方观念浓厚，但富有民族感情。官兵团结一致，忠实勇敢，具有较强的战斗力和作战经验。

八一三淞沪战事爆发，第 102 师官兵自感卫国有责，电请南京军事委员会，要求调赴前线参战。8 月下旬，第 102 师接到增援淞沪的命令，立即开赴上海编入第三战区参加战斗。

贵州部队登上淞沪会战这个战场时，已经是中国军队从开战之初的主动进攻，转变为防守后退的态势，战局正急剧逆转。战场上炮火连天，异常惨烈。中国第三战区的参战部队与日军已经连续鏖战了两个多月，战线日渐拉长，作战规模日益扩大。①

他们奉调上海苏州河南岸，归第八集团军张发奎指挥。由于铁路遭日军轰炸，有时只能步行。部队 10 月初到达虹桥、七宝镇一带，师部就驻扎在虹桥待命。

后来接上级命令，要他们渡过苏州河作战。当时的苏州河南岸阵地，已经犬牙交错，苏州河北岸是整条防线最突出部分。苏州河中，时有敌人武装快艇巡游活动，对岸还有敌人防守，要想渡河是很困难的。

第 102 师在分析了敌情后，决定由 607 团和 612 团利用夜色掩护，偷渡苏州河，并由参谋长杜肇华兼任步兵指挥官，指挥两团突击过河。607 团在华新镇附近运动时，遇敌人空中滞留气球指示炮兵射击，只能隐蔽。至晚上，各营潜伏至苏州河岸边。在渡河时，与敌人的巡弋小艇发生遭遇战，607 团击沉敌艇两艘，阵亡排长两人，士兵伤亡十多人，3 营最先占领苏州河北岸，掩护全团渡河。612 团也在黄渡地区相继渡河，两团当夜继续前进，歼灭了小股敌人后，分别到达指定的战斗位置。

第 102 师的另两个团，609 团和补充团在掩护 607 团以及

---

① 上海淞沪抗战纪念馆编：《黔军与淞沪抗战》，上海人民出版社第 2013 年版，第 13 页。

612 团过河后，防线右翼的戴岳第 46 师的阵地突告失守。第
609 团的侧翼完全暴露在敌人的火力之下，第 609 团马上组织
力量进行反击，激战了一昼夜，徐天恒营长血染战场，战况呈
胶着状态。师长柏辉章急令第 102 师补充团迅速迂回插入敌
后，施展他惯打包围战的手法，指挥两个团对敌进行分割包
围，展开搏斗，截断敌苏州河南北岸的联络，师直属工兵连同
时对苏州河两岸敌人交通线进行爆破。此时，两团向敌人包围
夹击，补充团背水而战，有进无退，特别勇猛。敌逐渐败退，
但又失去了过河的退路，只能向北新泾方向窜逃。这次战役，
第 102 师 609 团 1 营营长徐天植、师直属工兵连连长张大志等
人相继阵亡。第 102 师在只有两团的情况下，击溃强敌，粉碎
了敌想沿河西进袭击第十七军团侧翼的企图，确保苏州河上游
中国守军的安全。胡宗南军团长来电嘉奖，称第 102 师"奋勇
克敌，显树战功"，全师官兵军心大振。

第 102 师各以两个团的兵力守护着苏州河两岸阵地，在敌
人的飞机、大炮袭击下，虽有伤亡，部队仍以十当百，奋力战
斗。后来该师奉命后撤。

第 26 师战况

在全国投入淞沪战场的七十多个师中，来自贵州的陆军第
26 师战绩名列第五。这个师虽装备极差，但战斗力很强。

上海战事爆发后的 8 月下旬，第 26 师接到蒋介石的命令，
限三天内从贵州开赴上海参战。他们遂补充好人员械弹粮秣，
直奔上海。

他们一下汽车，即到大场第一线接收防务，与日军展开了
激烈的战斗。当时该师的装备极其简陋，一个步兵连只有三挺
机枪，50 多枝汉阳造步枪，而且残缺不全，有的枪膛里还没
有来复线，还有的用麻绳系着机柄，以防失落。中国士兵就是

拿着这样落后的武器，与拥有飞机、大炮、坦克等现代化的精良武器装备的日军进行战斗，其艰难程度是可想而知。但他们就是凭着英勇不屈的精神，凭着一腔报国的热血，与日军奋力拼搏。

许多贵州籍的战士倒下了，树枝上都挂着被日军炸飞的战士的残肢断臂，但为了炸毁敌人的坦克，许多战士都是宁愿抱着手榴弹与日军坦克同归于尽。许许多多的官兵们，都是满怀着"宁愿血洒疆场，决不下火线"的誓死决心，战斗到生命的最后一息。

第 26 师血战了七个昼夜，全师 5000 余人只剩下 600 人，为淞沪会战作出了巨大的牺牲。

独立第 34 旅战况

独立第 34 旅是于 10 月 13 日到达浏河的。三个团布防在浏河口附近，担任陈家桥、周家村南北地区的守备。为策应左右翼友邻部队，独立第 34 旅再次奉命推进到浏河镇与川沙镇之间一线，并日夜修筑防御工事，同时不断派出狙击队员小股出击，骚扰日军。此时长江上游弋的日军军舰，利用观察气球、指示飞机和舰炮不停轰炸，我军时刻处在敌军舰和飞机的威胁当中，在非湖荡地区，敌军还有坦克纵横肆虐。但在浏河口一带，沟渠纵横，敌人的机械化部队行动不便，加上在浏河口附近还有一部分钢筋水泥工事可以利用，欧百川、张鹏霄等团长素有作战经验，他们每天都在战壕里检查指挥。当日军在其炮兵的猛烈射击掩护下，向岸上进攻时，战士们严阵以待。只见日军乘坐着十只橡皮船，船上载着五六人或七八人，带着轻武器向我阵地袭来，妄想强行登陆。独立第 34 旅将士们待敌军即将靠岸时，用轻重武器突然向敌军猛烈射击，敌军在失去火炮优势的情况下，伤亡较大，只得退回兵舰。就这样，日步兵多次攻击我 700 团阵地，都遭到我迫击炮射击，只得丢下尸体抱头逃窜。

10 月 21 日夜，独立第 34 旅与左右翼第 58 师、第 56 师向正面之敌发起逆袭。[①] 入夜，独立第 34 旅向正面陈家桥一带发起进攻，占领后迅速协同左翼第 58 师攻击孙家桥，经过一番搏杀，占领了陈宅、赵家桥和高家卫。至此，中国守军左翼军浏河方面战线与敌呈胶着状态。阵地反复争夺。10 月 30 日，孙家村、西金村敌人五六百人向赵家桥和高家卫阵地进攻，经过十多次的战斗，连长鲁建帮、排长十多人，士兵三四百人壮烈牺牲，敌人终被击退。[②]

11 月 12 日，左翼军总司令薛岳命令独立第 34 旅所在的第十五集团军于当晚撤退。在转移时，因遭遇敌机轰炸，几十万的大军在一条公路上转进，随时都有被敌军聚而歼之的危险。独立第 34 旅受命在太仓陆渡桥一线掩护全军后撤，在战斗中，战士们英勇顽强，500 多名官兵献出了年轻的生命。[③]

◎ 众志成城

淞沪战场，就像一块巨大的磁铁，几乎把全国军队的精华都吸引过来；抗日的情绪就像一团黏合剂，把所有爱国的中国人团结在一起。他们投入到抗日的战场上，众志成城，同仇敌忾，抵御着日本侵略者。

---

① 上海淞沪抗战纪念馆编：《黔军与淞沪抗战》，上海人民出版社 2013 年版，第 29 页。

② 上海淞沪抗战纪念馆编：《黔军与淞沪抗战》，上海人民出版社 2013 年版，第 30 页。

③ 上海淞沪抗战纪念馆编：《黔军与淞沪抗战》，上海人民出版社 2013 年版，第 31 页。

许多国民党元老，忍辱负重，率先作出了榜样。除前文讲到的冯玉祥外，胡宗南也是一位突出代表。

胡宗南在七七抗战前主要在西北战场上，是第一军军长，活动在甘肃、陕西一带。1937 年 8 月底，当八一三淞沪抗战打得正激烈时，第一军奉命调到上海附近的昆山和南翔一带。在对全军所作的动员会上，他鼓励全体官兵积极参加抗日救国战争，坚决抵抗日本侵略者。

当时由于日军白天不断袭击轰炸，活动非常困难，只能利用夜间行动，第一军是趁着黑夜到达南翔的，然后利用夜幕的掩护，向吴淞、刘行、顾家屯前进，在陈家行南边进入阵地，准备打击日本侵略军。

第一军原来的任务是增援宝山作战的第 6 师，当他们到达刘行时，宝山已经失守，第 6 师残余官兵被日本空军低空追逐扫射，溃不成军。因无法前进，第一军马上占领阵地，阻击日军，以掩护主力部队。

翌日拂晓，日军以陆海空联合作战，火力非常强大，但第一军的官兵们同仇敌忾，不怕牺牲。战斗不断升级，形成了艰苦的阵地战，几乎每一阵地都经过了反复的争夺，使日军付出了惨重的代价。但由于第一军防地狭窄，又无工事，经过几昼夜的激战，营以下官兵伤亡达 80%。

为了避开日本海军的威胁，第一军奉命撤到刘行、顾家屯和罗店之线，继续作战。战线虽然后撤了一些，但仍没有脱离日海军火力的范围。随着战争的不断扩大，第一军的伤亡仍日益增加，战斗力大减，继续坚持下去显然有很大的困难，于是由陶峙岳的第 8 师接替了他们的防务，第一军撤到昆山附近进行休整补充。

在补充的同时，胡宗南部奉命扩编为第十七军团，胡宗南任军团长，所属部队除第一军两个师外，增加了陶峙岳的第 8 师。在昆山附近整补和扩编以后，又奉命到蕴藻浜、陈家行、大场之线参加战斗。这次战斗较前更加激烈，经过几天的战斗，全军官兵伤亡很大。后由广西部队接防，他们又调至黄渡附近进行第二次补充。

该军两次补充的官兵，素质都比较好，都是从后方未参战部队中自愿要求上前方的抗日官兵中选调来的。因此，补充之后不但能作战，而且都很勇敢，很快恢复了部队的元气，增加了部队的战斗力。这就是胡宗南的部队在上海作战中，能够一直坚持到全面撤退的主要原因。

另外，参加淞沪作战的还有西南的滇军和南方的粤军。总之，淞沪会战几乎吸引了来自祖国四面八方的军队，而且大多是主动请缨，自愿参加抗战的。正是他们的浴血抗战，淞沪会战才坚持了三个月之久，为全国的全面抗战赢得了宝贵的时间。

大场之战　一寸山河一寸血

　　在淞沪战场上，在极其艰苦的战争环境中，在武器装备处于劣势的情况下，中国军队官兵同仇敌忾，共赴国难，共御外侮，在战斗中越战越勇，越战越强，前仆后继，勇往直前，使日本"速胜"的企图化为泡影。为了挽回失掉的面子和昔日的威风，为了早日实现其占领上海的目的，日本一次次地向上海增派援兵。而中国军队以几十万的兵力一字摆开，与日寇激烈拼杀，筑起了一道血肉长城，真可谓是一寸山河一寸血的淞沪抗战。

◎ 敌军增兵，我左右翼奋力反击

　　日本原想只要出兵上海，很快就可占领这个繁华的都市，再进一步攻占南京，进军全中国。可是，在一个多月的淞沪会战中，中国军队所表现的顽强拼搏精神和战斗能力，大大超过了日本的预料。因此，其速战速胜的构想化为泡影，整个对华作战陷入了僵局。

　　日军为迅速取得进展，决定再向上海增兵。日本内阁根据对华作战态势，决定将对华作战经费追加到 25 亿日元。同时，向上海增兵五个师团，派 3 万名预备役兵员补充作战部队。华北日军亦奉命抽调步兵十个大队及炮兵、工兵等赴上海支援，日方不惜代价投入陆海空重兵，准备突破中方淞沪防线而占领上海。

针对日军对淞沪战场的增援，中国军队除原有在淞沪战场作战的部队以外，又调集了大批的后续部队，总计约70万人，在地域狭窄、水网密布的淞沪三角地带与不断登陆的日军展开了一场空前激烈的搏斗。

中国军队把调至上海的作战部队分为左、中、右三个部分，对日军作顽强之抵抗，双方在此战线上胶着月余。中国守军与敌人展开肉搏，许多阵地失而复得反复数次。我方守军因持久鏖战而损失过大，"每小时死伤辄以千计"，当然也牵制了日军，消耗了日军的有生力量。

9月下旬，日军增援部队陆续抵达上海，立即向中国军队发起新的攻势，并改变了原来的进攻战略，从市中心进攻江湾，突破中方阵地，结果以失败告终。遂加重兵力向万国体育场与江湾间侧击，以压迫中方左翼，于是在杨刘公路间首先展开了激烈的战斗。

10月2日拂晓，敌军第9师团在其空军支援下，配合战车部队，由北南犯，攻击第九集团军蕴藻浜陈家行至唐桥站间阵地，企图由大场向西，切断京沪铁路，以孤立中方由大场镇至江湾的守军。

第87师第261旅521团奉命防守蕴藻浜车站及西侧的黑桥宅、陆家桥宅一线。日军增援部队从黄浦江沿岸登陆后，向黑桥宅、陆家桥宅迫近。黑桥宅距敌登陆地点只有2公里左右，中间河面上有一座木桥，为来犯之敌的必经之处。团长陈颐鼎集中全团十多挺轻、重机枪架设在桥头，准备给敌人以迎头痛击。

不久，日军以密集的队形，向大桥猛扑过来。"打！"陈颐鼎高喊道。轻重机枪一起吐出火舌，向敌人射击，冲上木桥的日军成群地倒下，有些栽倒进河中，敌军进攻受挫。

敌军不甘心失败，过了片刻，海陆空协同作战，疯狂地把炮弹倾泻在我军阵地上。我军工事大多被炸毁，全团损失严重。

第八军的税警总团奉命接替第87师阵地，与敌主力相遇，经过两日激战，双方损失都十分严重。日军又以第3师团增援，猛攻中方左翼军，将陈家行至黑大黄宅宽约3公里的阵地突破数处，渡过蕴藻浜，向南继续猛攻，使税警总团阵线突出，处于三面受敌、孤军苦战的险境。但官兵抱寸土必争之决心，艰苦支撑，确保唐桥站阵地。

10月3日，敌强大部队继续向南推进，固守的税警总团官兵牺牲重大，阵地失守。中方再增调部队，配合炮兵，向敌发动反击，遏止了敌人的进攻，并夺回了阵地。敌军又集中炮火轰击我军，并以步兵反扑，双方短兵相接，经过激战，伤亡都十分惨重，税警总团严家宅守军全部殉国。

10月4日拂晓，敌机穿梭般地向第八军阵地猛烈轰炸，上午9时许，敌地面部队由东、北、西三面向唐桥站之桥头堡形成包围攻击，双方激战到下午7时左右，中方守军伤亡很大。迟滞敌前进的目的已达到，上级遂令第八军撤回至右岸主阵地固守，继续阻击敌人。

在中方左翼军第二十军杨汉城的第133师阵地上，官兵们与日军苦战了七个昼夜，全师伤亡达80%。

陶峙岳的第8师北伐初期由一支湘军改编而来，装备较差，也没有重武器。但是官兵们具有强烈的民族自尊心和高昂的爱国士气。接受任务后，他们迅速到达阵地。陶峙岳对全师官兵训话说："目前正处敌我相持态势，敌人势在必得，我军志在死守。无论官兵，必须将个人生命置之度外，誓与阵地共存亡。"当敌人疯狂地进攻时，第8师官兵人人奋勇，个个争先，许多人轻伤不下火线，负伤了，稍一包扎继续投入战斗。就这样，在阵地上坚守了二十一天，撤下去时，全师仅剩下700多人。

防守赵家桥的部队，是原第十军第41师的一个团。当该部队在湖北荆州整训时，听说要调他们增援上海，从团长到战士，人人要求参战，有的甚至写血书。这时他们死守在阵地上，白天抗击日军的进攻，晚上抢修被敌人炸毁的工事，次日继续与日军对抗。一位营长对战士们说："弟兄们，要趁着夜晚，赶快挖好战壕。我们胜利了，这就是我们民族的复兴地；如果我们牺牲了，也是为自己准备好的坟墓。"这种誓死与阵地共存亡的信念一直在鼓舞着每一个战士，他们打退了日军一次次的进攻，坚守阵地二十多天，最后该团只剩下100多人。

在中国军队的右翼军阵地，第18师师长朱耀华趁战斗间隙到前沿阵地巡视时，远远看见被炸得惨破的直属团阵地，垒起一段一米高的胸墙。走近一看，竟是用中方战死者的尸体垒起来的！这个平日爱兵如子的军官见此情形，不由得怒火中烧，他一把扳住团长杨如礼的衣领，气愤得半天说不出话来。杨如礼目光发呆，直直地站在那里，一声不吭。

宋希濂的第36师212团坚守江湾，也谱写了一曲惊天地泣鬼神的壮歌。江湾是个大镇，建有爱国女校、复旦大学，地形复杂，距敌军很近，容易受到攻击。该团接防时，在熊新民的带领下，全团集体宣誓："坚决死守到底，人在阵地在，誓与阵地共存亡。"

刚刚接防，敌人就从早到晚不间断地发动一次又一次的猛烈攻击。我军尽管有很大的伤亡，但官兵们斗志昂扬，越战越勇。敌人几次向复旦大学图书馆阵地进攻，均被击退，未能得逞。有一次日军以三辆坦克开道，掩护一群敌兵成品字形向中方阵地扑来，我一士兵腰捆两束手榴弹，越过掩体，趁阵地硝烟未散向敌人坦克爬去。当他接近坦克时，毫不犹豫地拉响了手榴弹，一声巨响，炸毁了敌人打头的坦克，后面两辆掉头就跑，把步兵队形也冲乱了。中方乘机射击，将敌人的进攻击退，炸坦克的士兵壮烈牺牲了，连名字也没有留下。

在淞沪会战中，类似的英雄战士有许多许多，正是他们用自己的血肉之躯，筑起了一道打击日军的血肉长城。幸存的战士们说，淞沪战场是一寸山河一寸血的战争。这是淞沪抗战最真实的写照。

◎ 大场血战和战线转移

在整个淞沪战场上，由于我军左、右翼作战部队英勇反击，日军进展困难。上海日本派遣军随即改变部署，以中央突破战术攻陷大场，进攻南翔。

日军首先猛攻闸北，失利之后，立即改为进攻庙行、大场。日军计划先占领大场与南翔间的公路线，再由侧翼展开对大场的包围。中国守军在此与日军展开了五昼夜的激战，最后坚守在此的第77、第59、第90、第67各师因久战疲惫，伤亡较大，遂后撤休整。第三战区又下令新增援的第四十八军、第六十九军和第98师等部重新组织进攻，但因正面日军兵力及火力已得到充足补给，这次总攻付出了重大代价而不能奏效。后中国军队全线停止进攻而转入防御态势。

日军在蕴藻浜南岸获得据点后，着手布置总攻，中国军队也集中兵力防护这一阵线，因而在蕴藻浜沿岸到大场的血战，就成为第一道防线的防御战中最悲壮的一幕。日军重兵猛扑中国军队中路和左翼作战阵地，虽形势危急，可中国军队官兵竭力坚守，故日军数次从正面进攻，均未得逞。

大场位于上海闸北区北郊边缘，走马塘由西向东流经其间，沪太公路自北而南，与走马塘相交，进入上海市区。大场四周公路纵横，北至蕴藻浜仅 4000 米，至闸北亦 4000 米，位于闸北与江湾的锐角点，为南翔、真如之通道。大场是从上海北翼进攻市区的必经之地。

10 月 4 日，日军上海派遣军制定了攻占大场的计划。进攻大场的日军，在炮兵、坦克和空军的支援下，连续发动进攻，大场守军利用工事组织火力进行英勇反击。

大场地势平坦，虽构筑野战工事，但仍然非常薄弱。日寇优势空军，控制上空，而地面炮火林立，昼夜不断轰炸，处处炮火连天，工事几乎全被炸毁，我军官兵伤亡惨重，幸存者只能爬入弹坑继续作战。

▲日军攻击大场镇时用观测飞艇（气球）侦察中国军队阵地

以大场为中心的十月会战是淞沪会战中阵地战的高潮，既惨烈，更悲壮。在生死搏斗中，中国军人崇高的民族精神和视死如归的献身精神，泉涌迸发而显现到了极致。

大场阵地上战斗正激烈地进行着，日军攻势越来越猛。第26师的将士们眼睛血红，毫不退缩。可当时一个连八九十个人只有一挺机关枪和五六十支步枪，战士们的枪膛已经打得通红。

39岁的第26师第76旅152团团长解固基，抱着誓死报国的决心进入大场阵地，率领全团官兵日夜鏖战。解固基提着二十响的驳克枪带上第一连预备队向敌阵地冲去。一颗炮弹飞来，在他不远处掀起冲天尘硝，待烟雾散去，士兵们才看清解团长的左臂被炸飞半截，鲜血染红了军衣、军裤，但解团长丝毫没有理会，忍着剧痛仍然继续向前冲，并大声高呼：冲啊！杀啊！话音未落，又一颗炮弹飞来，落在他的身边，巨大的爆炸声，让整个阵地都随之颤抖，解团长的身影消失在了漫天的尘土中。

从10月20日起，日军分两路进攻大场，一路以重兵猛扑大场南翔公路，直趋大场之左翼。周庭芝所在第53师官兵与日军血战，阻滞其进攻。第二路日军从刘行南下，直扑大场以西的塔河桥宅，也遭到第36、第87、第61师部队的顽强抗击。

24日，日军突破沪太公路上的马桥宅和季项宅，守大场的第18师、第33师受敌打击而后退。

25日，日军第11、第13和第9师团主力从凌晨便向大场进攻。

26日，日军最后集中兵力对大场继续进行猛攻，以战车40辆为先导，步兵数千向大场以西发动猛攻，守军由于连日作战部队官兵伤亡过度，后继无援，战至当日午后，胡家宅、塔和桥等处阵地遂告失陷。午后第 18 师阵地全被摧毁，部队伤亡过半，日军从东西两侧攻入一片火海的大场镇，当日 17 时，大场陷于敌手。

于是闸北的中方阵地，也受着极大的影响，为避免被敌包抄的危险，必须向西撤退。第一道防御线的战斗以大场弃守而告结束。

中国军队从大场、闸北撤退后，即重新从长江口至苏州河沿线布置新防线。这一防线从浏河起，经曹王庙、澄桥、广福、小南翔，穿京沪铁路至江桥，横跨苏州河北新泾而至梵王渡，全长 35 公里。大体上说，除了中路和右翼，中国军队的左翼没有多大的变动，仅仅从施相公庙退到了澄桥。

新的防线转移后，日军进攻的重心即趋于苏州河，并试图突破南翔来威胁广福线。10 月 29 日，日军开始向苏州河南岸猛攻。30 日分别在周家桥、陈家渡等处渡河，渡河日军均被中国军队歼灭。次日，日军又在陈家渡、陆家埭两处渡河，仍未得逞。

在一段时间里，日军又相继在侯家埭、屈家桥、西浜、申纪浜、中山路桥、刘家宅、北新泾、吴家库等处偷渡，由于中国军队防御力量坚强，均未得手。日军虽然妄图一举占领上海，但其进展速度依旧非常迟缓。

四行孤军　八百壮士

由于中国军队的顽强抵抗，日军屡攻不下，淞沪会战已相持两月有余。最后日军大举增兵，淞沪会战战局发生转变，上海行将不守。谢晋元临危受命，率领八百壮士固守上海闸北四行仓库，与日军激战四昼夜。他们准备着流尽最后一滴血，作最后的牺牲。最后所剩300余名官兵孤悬上海，身陷囹圄，孤军营成为孤岛中的孤岛，成了上海抗战的精神堡垒，引起全市民众的关怀。壮士们为国捐躯、宁死不屈的爱国主义精神和崇高气节可敬可叹！英雄们的感人事迹催人泪下，八百壮士的英雄壮举在我国抗战史上，留下了壮烈光荣的一页。

◎ 谢晋元临危受命

淞沪会战到10月下旬，上海城下仍然是炮火连天。日方不断增兵上海，中国军队虽然也陆续加派兵力，但由于连续鏖战，中国军队在日军的炮火下伤亡惨重，损失过大，军力日渐衰弱，形势逐渐向不利于中方变化。

此时，美、英、法等国将在比利时首都布鲁塞尔召开讨论中日战争的九国公约会议，这是中国寄希望的重要国际会议。中国国民政府在战场上抵挡不住日军的强大攻势，希望大国出面干涉，在谈判桌上遏止日本的侵略，以有补于日益危急的严重事态。但是希望归希望，淞沪抗战在秋风萧瑟中，战况日下，险象环生。

10 月 25 日，大场失守，右翼江湾阵地也发生动摇。次日，中国守军放弃江湾至北站防线，撤退到苏州河以南地区。负责淞沪作战的第三战区副司令长官顾祝同向蒋介石报告了战况："上海之战已不可为。大场失守后，庙行、江湾、闸北也行将不保，上海非久战之地，我主力应脱离市区，向锡澄线既设阵地转进，易地决战，舍此，别无他途。"

▲战场上的中国军队指挥将领，中间为第三战区副司令长官顾祝同

蒋介石听顾祝同说要撤退，又气又恨，又恼又悲地说："墨三呀（顾祝同字墨三），我以百万大军相托，你却让三军尽默，你好不争气呀！"但战局至此，大势已去，蒋介石又无可奈何。

　　实事求是地说，淞沪抗战，蒋介石是下了大决心，投入了大本钱的。战争爆发后，他连连调兵遣将，先后投入了七十个师的精锐部队。在他的嫡系部队中，除了汤恩伯第十三军、卫立煌第十四军未动外，其余全部开进淞沪战场。淞沪抗战打响不久，蒋介石自己给自己加封为陆海空三军大元帅，在就职大典上，他曾慷慨陈词：上海一隅之抵抗，对于整个中国均有极大之影响，我军应誓死固守，与上海共存亡。他还坐镇南京亲自指挥淞沪战场，他的夫人宋美龄也往返奔波于京沪道上慰问伤兵，鼓舞士气。尽管如此，淞沪抗战在经历了两个多月的激战之后，战况急转直下，战略要地大场失守，全线动摇，几十万大军有被合围之危险。

　　大上海就要完了，无奈的绝望中，蒋介石给顾祝同正式下达了撤退的命令，随后又要通了第九集团军总司令朱绍良的电话，口授机宜："上海为中国经济中心，国际观瞻所系，九国公约会议在即，上海不能宣告弃守。主力部队撤退要按计划加紧进行，同时，第九集团军应将得力之一师留在闸北地区游击作战，要多配弹药，四面出击，虚张声势，搞得热热闹闹的，以制造上海并未失陷的印象，争取西方盟国的支持。"

　　朱绍良揣摩到蒋介石的意思是叫他打套花拳给外国人看。既然做个样子，何必一个师，一个团就行。于是他给第七十二军军长兼第88师师长孙元良下达命令，留一个团固守闸北阵地。孙元良是个明白人，他想既是打花拳就打到底。他又决定将留守一个团改为一个加强营，但由一位团级指挥官负责。考虑来考虑去，觉得其他团营都残缺不全，唯有524团1营较齐整，决定就将这个营留下，并要老部下524团副团长谢晋元留下指挥该营。

　　蒋介石的一道严令，几次传达，一再变通，逐级减码，兵力由师而团，由团而营，这是蒋介石所始料不及的。然而人们未曾预料到的是，正是这个几百人的加强营，却打出了一段惊天动地的悲壮故事。一个名不见经传的小人物，被推上了淞沪战场的大舞台。

最后决定留下的这个加强营，属第九集团军第88师第262旅524团，营长是杨瑞符少校。这个营实际人数为450人，为了蒙骗和威慑敌人，当时号称"八百壮士"。

谢晋元字中民，毕业于黄埔军校第四期，历任国军排长、连长、营长、副团长、师参谋、旅参谋主任等职。八一三淞沪抗战爆发时，任陆军第88师（师长孙元良）262旅参谋主任，参加闸北八字桥战斗。率524团驻防北火车站，与日军对峙两个多月，是一个得力的军官，他机警干练，经验丰富，有智有勇。他曾策划并实施袭击停留在黄浦江的日军旗舰"出云"号的作战行动，也曾组织指挥了攻击虹江路日军据点的"铁拳计划"。所以，选派他担当固守闸北指挥的重任，是再合适不过了。

▲ 谢晋元

该营所面临的任务是艰巨的，困难也是巨大的。一个营面对千百倍于自己的敌军，还要死守上海，活动在敌人心脏，在强大的日军面前要考虑的问题实在是太多太多，诸如官兵的伤亡，联络的不便，粮弹的中断，后援不继等，但谢晋元和杨瑞符为了国家的利益，民族的危亡，还是欣然受命，共赴国难。

◎ 浴血四行孤堡

这个奉命留守闸北四行仓库（大陆、金城、盐业、中南四银行联营的仓库，因此而得名）的我孤军一营，是在八一三的当天，最先开入闸北的。七十五天以来该营始终扼守天通庵阵地，没有退却半步。10月26日，当全军往沪西大撤退时，该营奉令担任掩护右翼撤退。他们是最先进入淞沪战场的部队，也是最后撤离上海阵地的。

26日晚，几十万大军迅速撤离上海战场时，在闸北观音堂附近的堑壕里，524团副团长谢晋元仍在督促士兵加固工事，因为他还没有接到撤退的命令，所以必须继续坚守阵地，准备与敌人厮杀。

大约10时光景，第88师师长孙元良传令谢晋元和营长杨瑞符火速到师司令部（即四行仓库），向他两下达了"死守上海"最后阵地的命令，并详尽作了安排。孙元良建议谢晋元和杨瑞符把指挥所和核心部队都布置在四行仓库。

"四行仓库"原为盐业银行、金城银行、中南银行、大陆银行在上海设立的联合营业所的仓库，位于当时的闸北区，东临西藏路，北依国庆路，西靠满洲路，南傍苏州河，仓库四周都是通道，视野开阔，便于发挥火力。该建筑物是一幢七层高的钢筋水泥结构大楼，前后两进，东西三开间，墙又筑得很厚重，非常坚固。这里还储存有大量的弹药和给养，为防自来水管被日军截断，饮水也有储存。这里易守难攻，不是千百发炮弹所能毁坏的。谢晋元和杨瑞符接受命令后立即移师四行仓库，在四行仓库南面铁制的窗门外面，他们高堆起了沙包，并以铁丝网围绕，在上面还架设起机枪和迫击炮。四行仓库救火工具也非常完备，我官兵就凭此坚固的防御工事，准备与日军血战到底，坚决完成上级交给的重任，不辜负全国人民的重托，誓与阵地共存亡。

当几十万大军撤退完毕，1 营官兵进驻四行仓库并筑好战斗工事后，日军将四行仓库团团包围并发起了猛烈的攻击。1营有一个机枪连，三个步兵连，一个迫击炮排。面对汹涌而来的敌军，谢晋元镇定自若。他对全营官兵讲话，激励大家的斗志。他说："国家兴亡，匹夫有责，我们是中国人，要有中国人的志气。现在我们四面被日军包围，这个仓库就是我们的根据地，也可能是我们的坟墓，只要我们还有一个人，就要同敌人拼到底。"说完，他率领官兵们全部登上楼顶工事，居高临下，向日军猛烈开火。日军招架不住，退了下去。

日军第一次进攻失利之后，又组织夜间偷袭，企图攀上楼顶，守军哨兵及时发现，以猛烈的射击将其击退。

日军是不会甘心失败的，27 日晨 5 时左右，成队的日军由东嗷嗷叫着向 1 营蜂拥而来。当接近四行仓库时，团长一声令下，全楼所有火力一起射击，打倒了约 200 敌兵，顿挫其锋。日军后续部队立即组织几倍于我们的兵力向我阵地进攻，再次被勇猛顽强、士气高昂的中国官兵击退。

上午 10 时左右，日军又一次发动猛攻，大楼的东南角被敌人火力封锁，形势非常严峻。但谢团长胸有成竹，命令官兵们先不要射击，等日军接近大楼时，用集束手榴弹投向敌群，炸得敌军鬼哭狼嚎，丢盔卸甲，激战至 12 时，再次粉碎了日军的进攻。

下午 1 时，日军在大楼西北角纵火，将附近的房屋都烧着，顿时，四行仓库周围火龙飞舞，黑烟蔽日。西藏路上，大火借着强劲的北风，向着四行仓库方向席卷而来，还有日军侦

▲坚守四行仓库的我军战士

察机从低空掠过。日军借着火势，向我阵地发动第三次进攻。大火越烧越近，镇守在大楼内的中国官兵们，从窗口感受到一阵阵热浪扑来，好像整幢大楼都在燃烧。夹着黑色粉末的浓烟，刺痛着他们的眼睛，但他们毫不在乎。全营士兵在谢团长的指挥下，一面阻击敌人，一面打开仓库内灭火龙头熄灭燃烧的火焰。

战斗在激烈进行，透过黑烟的缝隙，望哨发现在四行仓库西侧交通银行门口，有一队举着太阳旗的日军，从侧面向我军阵地扑来。待敌人靠近时，我守军即用手榴弹、步枪、机枪，予敌以迎头痛击，使其不敢迫近。整个下午，敌人连续进攻数次，均被1营击退。下午5时许，大火终被扑灭，日军也停止了进攻。

10月28日上午，日军再次发动攻势，又被1营击退。两日来官兵们连续奋战，粒米未进。上海人民对孤军1营官兵们勇敢顽强的战斗精神，敬佩感泣。每天从早到晚，数以万计的各界群众，不顾北岸日军的流弹四射，纷纷聚集在苏州河南岸，表示对四行仓库孤军的尊敬和关心。

28日晚上，上海市商会派出年仅15岁的女童子军杨惠敏携带慰劳品，趁着夜色，冒着生命危险，冲过敌人的重重封锁，渡过苏州河，摸索到四行仓库，向英勇的守军敬献新制成的国旗，表示全市人民的崇高敬意。当杨慧敏在这漆黑之夜，脱下外衣，把浸透了汗水的国旗呈献到官兵们面前时，这些捍卫祖国的英雄们都激动得流下了热泪。谢团长对杨慧敏说："勇敢的同志，你给我们送来的不仅仅是一面崇高的国旗，而是我们中华民族誓死不屈的坚毅精神。"29日清晨6时许，四行仓库举行了一个极其简朴而独特的升旗仪式，谢晋元命令将国旗在四行仓库的大楼上升起来，官兵们都庄重地举起右手，向国旗敬礼。隔河观望的群众无不拍手欢呼。

▲女童子军杨惠敏

不久，以《歌八百壮士》为题的歌曲也创作出来："中国不会亡，中国不会亡，你看那民族英雄谢团长；中国不会亡，中国不会亡，你看那八百壮士孤军奋守东战场。"人民群众的爱国热情激励着谢晋元和他的士兵们。

中国官兵坚守四行仓库的消息，迅速传遍上海和全国，还通过上海的租界传向国外，各界人士无不感到敬佩。这几百名忠勇的壮士，虽然处于烟火笼罩、敌兵四伏的危境之中，但仍然保持着旺盛的斗志和热烈的情绪。驻防该处的英军也为之感动，他们认为孤守无益，劝告我官兵退入租界。壮士们对英军的好意表示感谢，但又坚决谢绝。因为他们已决定死守最后之阵地，流尽最后一滴热血，作最光荣之牺牲，这种精神使英军非常佩服。

▲各报刊刊登四行仓库战斗　　▲慰问新中国好男儿"四行孤军"

在坚守阵地三天后的 10 月 29 日谢晋元在四行仓库阵地上给孙元良写了一封书信："晋元决心殉国，誓不轻易撤退，亦不作片刻偷生之计，在晋元未死之前，必向日军索取相当代价。余一枪一弹，亦必与敌周旋到底！"

孙元良当日在沪西回信，对孤军营官兵们临危受命，誓与闸北阵地四行仓库共存亡之精神大加褒奖，称赞英雄们的壮举是中华民族之光荣，国民革命军之光荣。

◎ 孤军营奉令撤退

四行仓库的连日激战，也惊动了苏州河对岸的上海公共租界当局，他们深恐战火威胁到租界安全，多次要求谢晋元停止战斗，率兵退入租界。谢晋元总是回答说："未奉命令，虽死不退。"租界当局见劝说不成，只得电请中国政府命令谢晋元撤退。

坚守四行仓库的壮士们是 10 月 31 日忍痛撤离阵地的。他们奉令坚守此地已四天四夜，他们在四行仓库这块弹丸之地，击退了敌军数十次大规模的进攻，毙敌 200 余名，使仓库附近的街面上成了日军的停尸场，取得了军事和政治上的胜利。弹药消耗不及十分之一，至于粮食，就是坚守三年也不会断绝。而且他们越战越勇，越战越强。他们已经做好了牺牲的准备，把写好的遗书和整理的遗物交给市民救护队带出孤堡，他们抱定与阵地共存亡的决心。然而一纸命令，使这些在十倍、百倍于我们的敌人面前无所畏惧、顶天立地的英雄们，不得不撤入租界。

下令孤军营坚守上海的是最高统帅部，下令撤退的还是最高统帅部，这是为什么呢？谢晋元讲得很清楚，第三者要求维护中立地区（公共租界）的安全，请求中国政府下令撤退。中国政府为维护世界和平，达成神圣抗战的目的，复兴中华民族，为千秋万世基业计……而最高统帅部是以长期抗战考虑，国家期待八百壮士这样能打硬仗的部队，暂忍痛放弃此闸北四行仓库阵地，使壮士们另有报国之道。最后，孤军营还是要撤退到上海公共租界。

▲往公共租界撤退的四行孤军

在撤退时，英国指挥官马勒提少将不顾日军的抗议，亲自站在他警戒线上的重机关枪阵地上，护送 1 营通过新垃圾桥。这本不是他们的责任，也不是孤军营所需要的。正是由于孤军营的英勇无畏的精神，激发起英国军人的侠义心肠。

◎ 八年羁押与流放的苦难岁月

因为公共租界是中立地区，为了减少许多人为的麻烦，壮士们被迫交出了自己全部心爱的武器。孤军营退到上海公共租界后，在租界内处境非常不好。他们是奉令光明正大撤退的，他们既不是俘虏，也不是避难者，可他们却遭到了不公正的待遇，他们的经历也十分复杂。

在一小块孤立的土地上，壮士们住的是当初难民们用芦苇秆搭起来的几排窝棚，四周围着密密麻麻的铁丝网，铁丝网外是荷枪实弹的外国士兵，满怀敌意地来回巡逻。这里的营房形同监狱，这里的战士如同囚犯。然而在这有限的空间里 1 营的官兵仍然出操、训练，注意锻炼身体，在力所能及的情况下，使生活尽量充实而有朝气。

1938 年 5 月 3 日，陷入黑暗生活半年有余的谢晋元，提笔向蒋介石写了封长信，在述说他半年多来的生活之后，向蒋介石表达他重返战场的迫切愿望："值此烽火连天，国家危急之际，正披坚执锐，效命沙场之时。而令职等 300 余名官兵孤悬上海，身陷囹圄，蹉跎岁月，报国无门，痛心何极！职等一日不得重返前线挥戈杀贼、即一日不得安心。"然而蒋介石复电通篇概括一个"忍"字，眼泪从团长那深深的眼窝里涌了出来。

在八一三淞沪会战一周年之际，孤军营隆重举行升国旗仪式，以示纪念。然而租界内的洋人们一而再、再而三地阻挡破坏，孤军营的四位战士还为此殉难于国旗下。谢晋元及全体官兵举行绝食抗议，迫使租界当局开放孤军营，仰慕英雄的上海市民蜂拥而至，与世隔绝的孤军营顿时人山人海，市民们送上各种慰问品。被沮丧和失望笼罩着的市民，在此受到鼓舞，抗日热情被唤起，各种抗战组织在上海建立，许多青年学生奔赴抗战前线。

随着外部形势的危急，孤军营内的气氛也显得异常紧张。1941 年 4 月 24 日，晨光熹微的 5 时许，孤军营官兵循例在操场集合，列队早操。点名时，发觉士兵郝鼎诚等四人迟到 5 分钟。谢晋元治军素严，当众予以训斥。不料郝等早受敌伪方面诱骗，趁机下手。在全体跑步时，趁谢晋元不备，用短刀向他头腰两处猛刺，谢晋元伤重立殒！团副上官志标中校见状趋前援救，也受重伤。凶手当场被附近官兵捕获，移解上海公共租界当局法办。谢晋元被行刺身亡，上海同胞闻讯哀痛至极！他们拥进孤军营，瞻仰英雄的遗体，三天内共有 25 万人向英雄告别。

1941 年 12 月 26 日清晨，大队日军突然包围了孤军营，四周架着机枪，孤军营的官兵在寒风中一个个被押上已准备好的十几辆汽车，离开了奋斗四年的上海孤军营。

中国孤军营的官兵们，从此或在日军霸占的煤矿、后勤基地，或在南太平洋新几内亚荒岛，度过了四年悲惨的流放苦役生活。抗战胜利后，苦海余生的壮士们终于又回到上海。

血洒热土　苏州河南岸阻击战

10 月 25 日前后，日军突破翔大公路，南翔、大场形势危急，走马塘一线阵地也被突破。26 日大场失守。由此淞沪战场形势急转直下，中国军队主力左翼集团退守南翔、嘉定一线，中央集团军大部退至苏州河以南，小部队留守苏州河北岸各要点。

对中国军队而言，此时正处在非常关键和十分险恶的紧急关头。南京军事委员会和第三战区不断从各地调集部队增援前线。

苏州河南岸的大规模阻击战是在战局十分不利的情况下仓促组织起来的，从沪西的法华镇、漕家渡、沪杭铁路的上海西站，经北新泾、姚家渡一直沿苏州河北至江桥镇、南翔镇一线集结有中国军队将近二十个师，而退守南岸的守军因持续作战，均已是疲惫不堪，战斗力锐减。从 10 月 28 日起不到十天的苏州河南岸阻击战，是淞沪会战中极为艰苦而无把握的一场战斗。29 日，日军开始向苏州河南岸发起进攻，攻击重点位于北新泾及其东西两侧，北新泾以东重点攻击刘家宅和周家桥，北新泾以西则主攻姚家渡河姚家宝方面。日军以第 3 师团、第 9 师团为主力，第 101 师团跟进，同时以第 11 师团沿蕴藻浜西进，从侧翼攻击南翔。①

---

① 上海淞沪抗战纪念馆编：《东北军与淞沪抗战》，上海书店出版社 2014 年版，第 13 页。

10 月 28 日东北军第四十九军军部和第 105 师抵达黄渡。11 月 2 日夜，左翼方面军命令已经在黄渡河方泰附近的第 105 师推进至江桥镇，接替第 9 师姚家宝至江桥镇之线的防务，准备以一部攻击当面之敌。

与第 105 师阵地毗邻的戴嗣夏之第 46 师姚家宝阵地，3 日凌晨遭日军渡河猛攻，姚家宝阵地一度陷落，后经守军反攻夺回。上午，附近的江桥镇姚家宅、蔡家宅等阵地也发生激烈的战斗，第 105 师炮营奋勇攻击来犯之敌，用密集的火炮狠狠地压制了日军，使日军组织不起有规模的进攻。

11 月 4 日，日军在苏州河厅头、姚家宝一线发动进攻，一面用炮猛烈轰击我守军阵地，同时还在姚家宝东面架设桥梁，企图强渡苏州河，双方展开了激烈的炮战，日军的浮桥也被我炮兵击中，不能通行，日军又以汽艇载上步兵进行强渡，此时第 105 师、第 46 师守军得到左翼方面炮兵 4 团 1 营的有力支援，敌进攻顿时受挫，日军企图终告破灭。[①]

11 月 5 日，日军百余人向姚家渡方面进行小规模的攻击，也被我正面第 105 师 626 团击退。同日，第 105 师炮营协助炮兵 10 团击溃向我田杜宅进攻之敌。

11 月 6 日，日军全线进攻第十九集团军苏州河南岸防线。清晨，姚家宝方面，第 105 师防区正面四百日军由姚家宝西北方面强渡苏州河，发起猛烈进攻。626 团官兵斗志昂扬，在武器装备极其悬殊的情况下仍然浴血奋战，顽强反击。阵地上与日军肉搏数次，将敌击退，毙敌甚多，我军伤亡团长以下 100 多人。江桥镇钱家弄方面，第 105 师 625 团防区，也同时遭到

---

① 上海淞沪抗战纪念馆编：《东北军与淞沪抗战》，上海书店出版社 2014 年版，第 13 页。

日军立体攻击。敌人在重炮和 6 架飞机的掩护下，出动步兵三四百人，向钱家弄阵地猛攻，守军工事大部分被炸毁，但是却越战越猛，在付出重大代价后，终于将敌军击溃。①

▲我军依据简陋工事阻击日军

在日军强渡苏州河之际，柳川平助率领的新组建的日本第十军做好了大规模的登陆杭州湾、抄袭上海地区中国军队南翼侧背的准备。这是淞沪会战期间日军第三次大举增兵。此时日本大本营已经意识到淞沪之战的旷日持久对他们的不利，企图把战略重点由华北方向移到华东，故而决定再次增兵淞沪，开辟另一个战场，并把登陆点选在了苏州河战线背后 40 公里左右的杭州湾北岸。

---

① 上海淞沪抗战纪念馆编：《东北军与淞沪抗战》，上海书店出版社 2014 年版，第 14 页。

1937 年 11 月 5 日开始，日军第十军在金山卫、全公亭一带登陆，淞沪战场战局瞬间发生了急剧的变化。中国守军右翼集团为了避免后路被阻断，不得不放弃沪西与浦东的阵地而向太湖南岸走廊西撤。至此，淞沪战场的重心已经不再是沪西的苏州河沿线，而转移到了右翼的黄浦江中上游和沪杭通道，以及左翼的京沪路沿线，中国军队自 10 月以来进行苏州河南岸阻击战随之告终。自 11 月 9 日起，中国守军开始由东向西大规模西撤转移。①

---

① 上海淞沪抗战纪念馆编：《东北军与淞沪抗战》，上海书店出版社 2014 年版，第 15 页。

搏击长空　殊死报国

　　中国空军，这支年轻的队伍，在淞沪会战中，初次参加大的战役，就崭露头角，不同凡响。八一三首战告捷，八一四再创辉煌，在其后连续参战、执行任务的过程中，空军飞行员们英勇奋战，殊死报国，创造了一个又一个的光辉业绩，留下了一连串闪光的名字，高志航、沈崇海、任云阁、阎海文……他们用自己年轻的生命，在祖国蔚蓝色的天空奏出了一曲曲胜利的凯歌。中国空军在淞沪会战中，立下了举世瞩目的赫赫战功，同时，也在中国空军史上记下了悲壮的一页。

◎ 日军疯狂报复，中国军队再显神威

　　8 月 14 日晚，当全国人民为胜利而欢庆的时候，创造这一奇迹的英雄们，却早已悄然入睡了。他们预料明天等待他们的将是更为残酷的空中拼杀，他们必须抓住这短暂的战斗间隙，养精蓄锐，再杀敌寇。

　　果然不出所料，恼羞成怒的日本空军不甘心自己的失败，他们要找回失去的面子。第二天，他们组织了更强大的阵容——日本鹿屋及木更津等几个海军航空队 60 余架轰炸机，以百倍的疯狂，分别袭击杭州、嘉兴、曹娥、南京等机场，妄图

一举摧毁我空军的有生力量，把我空军扼杀在襁褓之中。

▲侵华日军"木更津"航空队的九六式陆攻机

当60余架敌机像一群群黑乌鸦遮天蔽日飞来之时，我空军除了第四大队外，还组织了第三、第五和第四大队等，分别予以拦击。战斗是异常激烈的，经过了一番番空中格斗，中国空军第四大队于曹娥上空，击落日军飞机4架，第四大队于杭州上空击落日军飞机16架，并协同第三、第五大队及航校暂编部队，于南京上空共同击落日军飞机14架，给日本海军航空队以迎头痛击。

8月15日，当敌木更津航空队再次袭击杭州时，第四大队又一次起飞迎战。虽然从14日下午到15日上午，高志航仅仅休息了一两个小时，劳累没有解除，体力尚未恢复，但一听日军又来袭击，便毫不犹豫地驾机迎敌。

在战斗中，第四大队又获大胜，一连击落多架日机。第四大队与其他大队相比，击落的日机架数最多，全大队的飞行员都有了打落敌机的记录，一般是1架，分队长乐以琴打落最多，一共击落了4架。但第四大队也有伤亡，高志航被击中一弹，右臂受伤，吴可强光荣牺牲。乐以琴对大家说："我们今后要永远纪念他，要为他报仇。"

▲中国空军从后方基地出发，袭击日军。

　　杭州居民听到第四大队又取得了辉煌的战果，个个兴高采烈，人人精神振奋，纷纷到机场慰问蓝天归来的勇士。因还有其他航空队的飞行员参加空战，所以，南京空军总指挥部宣布，凡参战的飞行员，8 月份薪水一律发双饷，今后飞行员的伙食由国家供给，每月每人为法币 30 元。

　　中国空军部队的任务之一，就是配合淞沪会战中地面部队作战。15 日，综合各方情报得知：敌我陆军正在公大纱厂、天通庵内外纱厂之线对峙中。敌海军兵舰云集崇明岛以东者不下 30 艘，还有两艘航空母舰停在黑山列岛及青岛附近。中国陆军计划在 15 日向虹口六三公园日军发起攻击，以期一气歼灭之，而敌军游弋的兵舰和对峙的敌人无疑对我军的进攻构成威胁。

　　为此，空军指挥部又布置任务：航校霍克机队掩护第二大队，以虹口敌陆战队司令部及军事建筑为主目标，将其彻底摧毁；第四大队对黑山列岛一带的敌航空母舰进行爆炸；第九大队协助陆军攻击虹口附近的敌炮兵预备队、防空兵及摧毁步兵重兵器等；航校暂编大队霍克队，协助第二大队，负责消灭在上海上空妨碍我执行任务的敌方空军……

在对各个航空部队一一详细布置任务后，指挥部强调任何飞机不得经过苏州河以南之租界；为达到轰炸目的，各队可连续轰炸四次，还可带烧夷弹，以破坏掉目标为准。

任务布置完后，各大队立即起飞，执行各自承担的轰炸任务。第六大队的第五中队队长张毓珩率飞机 3 架，各带炸弹八枚，自南京出发，经江阴、常熟赴上海，轰炸北四川路靶子场、虹口一带敌军。第五队队员陈庆柏率领飞机 5 架赴上海轰炸日军司令部及其他据点。接着前去轰炸兵营、航空母舰的航空队都先后起飞出发，并获得了较好的战果，胜利凯旋。在执行任务中过程，由于敌防空炮火极强，飞行员也有受伤或牺牲的。第七大队的第十六中队队员聂盛友被敌射中头部，当即牺牲。该机由后座汪汉淹驾驶返回滁县机场。

与此同时，敌机也不同程度地袭击了杭州和嘉兴机场。15 日暂编各队奉命集中嘉兴，晨 5 时 9 架敌机趁拂晓来袭，因中方未得到情报，其中 1 架未来得及起飞即被日机炸毁。但杭州机场未有损失。

8 月 16 日，日本航空队又以轰炸机 20 余架分别前来袭击，中国空军又击落了 8 架日机。中国布满阴霾的天空，一下子晴朗了！从 8 月 14 日至 16 日的空战中，中国空军共击落日机 45 架，给日本鹿屋、木更津航空队以沉重的打击。

为了狠狠教训日本侵略军并给以严厉的惩罚，8 月 17 日，中国空军第二、第四、第七共三个大队，出动飞机 44 架，由副大队长孙桐岗及队长刘粹刚、董明德、杨鸿鼎等率领，分批前往轰炸虹口日军阵地和日军司令部，除击落两架日机外，对日军驻地给予重创。

◎ 热血洒蓝天，丹心报祖国

在 8 月的连续几次轰炸淞沪日军据点和舰艇，以及与日本空军在蓝天的殊死较量中，中国空军的优秀飞行员沈崇诲、任云阁、阎海文英勇壮烈牺牲，尤为悲壮。

沈崇诲是清华大学的高材生，毕业之后为报效祖国投笔从戎，投考了中国空军航校，入第三期轰炸科学习，毕业时成绩名列第一，平时总是以尽忠报国勉励自己。他接受此次飞行轰炸任务时，身为第二大队第十一中队分队长，当时他偕同第六期毕业的轰炸员任云阁驾驶诺斯落泼双座轻型轰炸机，率领 6 架飞机，从广德机场起飞，直飞长江口。当发现敌舰时，他的飞机突然发生了故障，他立即决定绕道浦东，并命令后座的任云阁跳伞，在中方阵地降落，自己则准备驾机向敌舰撞去。但任云阁表示决不离开他，要与其生死相依，患难与共。于是沈崇诲开足马力，调转机头，穿过敌人高射炮密集的火网，带着一枚 800 磅的炸弹俯冲下去，与敌舰同归于尽。

阎海文是这次执行任务中光荣殉国的另一位英雄。那天布置任务时，开始并没有阎海文的名字，他这个出生在辽宁省北镇县的东北汉子，是航校第六期的毕业生，天天盼望飞上蓝天痛快杀敌，一看到没有自己的名字，他非常焦急，流着眼泪再三向大队长王倬请战，大队长看他求战心切，最后让他作为自己的二号僚机随队出发。

飞机从扬州机场起飞，越过江阴要塞，直飞上海空域。日军对中国空军也害怕了，密集的高射炮火猛烈地向空中射击，使我军机身震颤，难以俯冲投弹，但这丝毫没有影响飞行员们杀敌的决心，3000 磅的炸弹全部命中目标。突然，阎海文的飞机被高射炮打掉了一个翅膀，飞机失去控制，无奈地向下坠落，阎海文被迫跳伞，最后降落在敌军阵地天通庵公墓。敌人四面包围而来，他卧倒在地，一动不动佯装死去。等到敌兵快到身边时，他翻身而起，抽出自卫的双枪，左右开弓，当场击毙七个敌兵，然后用最后一颗子弹射向自己的太阳穴，誓死不当俘虏，光荣为国捐躯。

▲沈崇诲（左）、阎海文（右）

　　沈崇诲、阎海文的壮烈牺牲，不但受到全国人民的敬仰，其精神也使敌军震动。就在阎海文牺牲的第二天，日军的白川大将派一艘军舰载着阎海文的遗体驶向黄海礼葬。日本军人用隆重的礼遇，为一位中国空军战士举行了海葬。

　　由于中国空军战士的英勇善战，加之地面部队的阻击作战，经过了几天的战斗，日本侵略军依然进占不了上海，于是日军电请东京派兵支援。到 8 月 21 日，先后有广岛第 5 师团、善通第 11 师团、久留米第 12 师团前来增援，合计兵力有五六万人，战舰 30 余艘，集结在吴淞口和张华浜的江面上。

24 日，日军在张华浜、蕴藻浜、狮子林、罗店、浏河等港口强行登陆，并以飞机大炮为掩护，想一举突破我防线，占领全上海。中国空军总指挥部得知这个情报后，为阻击日军登陆，命令扬州、笕桥和句容三处的飞机分批前往轰炸和扫射。

扬州机场空军的 18 架飞机首先起飞，每架飞机上各挂有延期 3 秒钟爆炸的炸弹 12 枚，还带大小机枪各一挺。当飞机飞到上海时，日军正在慌乱地登陆，立足未稳，我飞行员低飞扫射，日军伤亡有千人以上。飞机投弹完毕，无一损伤，凯旋返航。扬州县城居民热烈欢迎他们，全县当时只有 25 瓶牛乳，全部拿出来犒赏我们的空中骄子，以表达他们的一片心意。

▲中国空军轰炸吴淞口和黄浦江上的敌舰

正当中国空军庆祝胜利之际，机场上空突然有 6 架日机来袭。中国战机马上起飞迎战，但已经有些晚了。动作快的飞行员已经驾机升空，但个别动作稍慢的飞机遭到日机轰炸，中方队员滕茂松正在机场准备起飞时，被日机炸死。第二十五中队副队长董明德驾驶战鹰追赶逃跑的敌人，将 1 架日机击落于天长县境内。

第二批执行轰炸上海登陆日军的任务，是由笕桥空军飞行队承担的。这里是第四大队，共有三个中队。24 日上午，他们驾着 20 架飞机到张华浜和蕴藻浜上空投弹扫射，使日军遭受了巨大伤亡，但我们也损失了 5 架攻击机，伤亡了 11 人，为此付出了代价。

第三批是从江苏句容机场起飞的第三大队，大队长刘超然、副大队长石友信率队驾驶新从美国购进的超低空攻击机，与敌人在吴淞西面展开激战。战斗十分激烈，虽然打击了敌人，我们也有一些伤亡。

◎ 中国空军：悲壮且辉煌

8 月下旬，鉴于形势的发展，中国空军飞机大多集中南京，但仍继续参加淞沪会战。当时，空军指挥部命令扬州的第五大队、笕桥的第四大队和句容的第三大队，全部集中于南京光华门外大校场机场。其原因有二：一是淞沪战役已经扩大，日机经常空袭南京，首都不能没有较为巩固的空防。二是飞机分散在三处使用，容易被日机一一击溃，若集中起来统一指挥，则更能发挥其作用。

这些天之骄子，这些为祖国立下汗马功劳的飞行员们一到南京，就受到了政府的特殊照顾和关怀。励志社为此还成立了一个战地服务团。当时任航空委员会秘书长的宋美龄每晚由励志社黄仁霖陪伴，到飞行员住地了解当天的空战情况，鼓舞士气。

8月21日晨4时20分，第三大队接到敌机乘拂晓袭击首都的电话，立即起飞。由第十七队队长黄扬洋率领霍克机7架，在句容、南京之间的上空侦察巡视，忽见有敌机3架，成"V"字队形，向南京飞来，敌机飞行高度在12000英尺左右，而中方飞机由于机型陈旧，飞行高度上不去。但敌机知道我军已有防备，遂向东方沿江逃遁，我军机在下方追击，当追至扬州时，有2架飞机的机枪出了故障，无奈只得返航。

后中国军方又获悉，有6架日军轰炸机来偷袭扬州机场，中方霍克机6架遂升空迎敌，经过一阵追击空战，董明德与朱恩儒在泰县上空各击落敌机1架，刘依钧追至六合、仪征上空时，又将1架敌机击落，紧接着袁葆康又击落了敌第三号飞机。在此次空战中，虽然击落了4架敌军的重型轰炸机，但中方也有4架飞机被击毁，还有1架受了伤。

8月份中国空军又组织了几次飞赴上海执行轰炸任务的战斗，不是受敌飞机拦截，就是敌地面高射炮向我猛烈射击，虽有时也能击落一二架敌机，或投弹命中被炸目标，但效果不十分明显。而且中方飞机还偶有负伤、失去联络、中途降落其他机场等事情发生。

另外，淞沪会战爆发后，中国空军几乎每夜派飞机轰炸停泊在黄浦江上的出云号旗舰。它是日军在沪最大的一艘航空母舰，空防力量强大，而我们的战斗机所载炸弹威力不足，始终没有把它炸沉。

提起轰炸日军航空母舰出云号，还有这么一个故事：淞沪会战爆发后，日军调来佐世保航空队200架飞机，其中有驱逐机100架，与中国空军展开激烈的空战。不久，中国空军出现了四位优秀的飞行员，他们因为勇猛顽强，屡立战功，被人们称作"四大金刚"。他们是高志航、刘粹刚、李桂丹和乐以琴。乐以琴还被誉为"江南大地之钢盔"。中国空军第四大队在淞沪抗日战场的上空英勇杀敌，七天之内竟击落日机 60 余架，乐以琴一人就打掉敌机 8 架，创造了辉煌的战绩。他所驾驶的 2204 号座机成为日本空军望而生畏的克星。

"四大金刚"分别将号称为"日军四大天王"的飞行员及座机击落，其中俘虏了 A 天王，B、C、D 天王都相继摔死在杭州、南京、上海一带。

当把 A 天王押到南京时，中方飞行员大都认识他，因为他原是杭州航校的日籍军事教官，中国航校学员是他教过的学生，所以都以师生之礼相待，因此他也深受感动。他对轰炸航空母舰出云号出了这么一个主意，他对我飞行员讲："你们可以去炸出云号，但必须牺牲一人一机，把中国机涂改国徽，我把信号交代于你们，发

▲ 被人们誉为"江南大地之钢盔"的乐以琴

出信号，航空网即开放，人机必须向烟筒窜进去，同归于尽，才能完成任务。哪一位愿意前去，请举手！"全体飞行员都举起手来，愿意前去炸舰，A 天王看到这一情景，认为中国必胜，日本必亡。他说："好吧，你们把证章都交给我，摸到谁，谁去。"最后乐以琴的证章被抽中，他毅然驾机前往出云号航空母舰，去完成这一艰巨的任务。乐以琴遵照 A 天王所说，发出信号，日舰果然张开了航空网，这时，乐以琴驾机毫不犹豫直插敌航空母舰尾部烟筒中，乐以琴壮烈殉国，出云号母舰受了重伤，狼狈逃窜到黄浦江港外。

经过一个月的激烈战斗，我军的飞机所剩不多，日军新九六式战斗机飞入南京上空的时候，如入无人之境，轰炸之后，还得意洋洋地做些特技表演，这是对中国空军的轻视和嘲笑。有一次，中队长刘粹刚看到后，怒火中烧，他把自己的钱包交给战地服务团服务科科长刘兴亚，认真而坚定地说："我要同敌人决一死战。这钱包请你代为保管，我活着下来，你交还给我，如果战死沙场，那么捐给国家，聊尽心意。"说罢就跨上自己的 2401 号座机，飞上天空，独自同敌机较量，只有一两分钟，一排子弹就命中了一架日机的要害，日机冒着黑黑的浓烟坠落在南京东郊。南京居民见敌机被击落，都拍手称快。

▲被击落的敌机残骸

淞沪会战后期，由于中国空军伤亡严重，没有再参加大的空战，只是进行一些疲惫敌人、干扰敌军的夜袭活动，使用了飞机 6 架，配备熟悉夜间飞行的人员，主要执行游击任务。游击队以单机出动为原则，并选有利目标射击以扰乱敌人。空军指挥部指定了具体的飞机和人员，并规定了一些细节问题。

到 11 月底，空军总指挥部和所剩为数不多的飞机及飞行员，都从南京撤退到武汉，淞沪战役结束。我英勇的空军，虽然给日军以沉重的打击，但自己的损失也比较惨重。据统计数字显示，到 11 月 6 日，调到南京三个大队的飞机能够起飞的仅有 7 架，人员也伤亡不少，仅第五大队的一个中队，原有飞行员十三位，至此已牺牲七位，重伤五位，轻伤一位。可见，中国空军的损失状况是相当严重的。但是，年轻的中国空军毕竟创造过辉煌，淞沪会战后不到十天，日军精锐的"木更津"和"鹿屋"飞行队就被我空军歼灭过半，日军驻台北海军联队长、海军航空兵大佐石井义被迫剖腹自杀。这是中国英雄的年轻飞行员们抗击日军在中国的领空所取得的辉煌战果。

松江阻击　上海沦陷
江阴保卫战

　　淞沪会战持续到 10 月下旬，中国守军开始实行战略转移，撤退到苏州河以南地区。日军相继占领苏州河北岸后，继续向南岸中方防守阵地发动新的攻势。中国军队顽强战斗，基本稳住了苏州河防线，双方再次陷入胶着状态。日方为了迅速解决上海战事，不断派兵增援，并突然在杭州湾登陆，策应上海方面作战。中国方面为战略上的考虑，正式决定撤离上海，上海遂陷入敌手。

◎ 日军增援，登陆金山卫

　　10 月底，日军在苏州河沿线的战斗再次陷入僵持局面，进展十分困难。日本统帅部为了改变困境，迅速解决淞沪战役，决定再次向淞沪战场派兵。随即从华北战场抽调第 6、第 18、第 114 师团和国崎支队、第一、第二后备步兵团及野战重炮、山炮兵等部组成第十军，于杭州湾北部登陆，以协助上海派遣军，加快占领上海、进军南京的步伐。

　　而后，日军又从华北抽调第 16 师团编入上海派遣军，这样，淞沪战场的日军全部兵力达到了九个师团，30 余万人，比华北战场的日军还多了两个师团。从这点上看，上海战局的发展已实现了中方"引敌南下"的战略意图。但就实际战况而言，日军增援人数的压力，已远远超过了中方所能承受的限度，特别是日军以重兵在杭州湾登陆的行动，大大出乎中方的预料，从而成为导致上海战局发生根本性逆转的关键因素。

日军在杭州湾登陆是有其原因的。因为淞沪会战之初，日本侵略者原想以战术包围来攻击我上海部队的左侧，结果演变成了罗店附近的争夺战，其企图没有得逞。后来又对大场进行中央突破，也没有收到预期的效果。直至10月下旬，上海战场仍然呈现着拉锯和胶着状态。这对日军来说，是始料未及的。

与此同时，华盛顿会议已决定于11月3日在比利时首都召开，敌人深知在此期间中国军队必将坚决抵抗，以争取国际舆论支持，从而出面制裁日本侵略者。在这一形势下，日军断然采取了大迂回的战略包围，决定以其第十军从杭州湾登陆，挺进上海中方守军后方，以期迅速解决这方面的战斗，迫使中国军队屈服。

还有一个原因是，杭州湾位于上海西南方，这里水深岸直，适合大型舰艇停靠。另外，相对上海来说，中国军队在此的防御也较为薄弱。中方原在此处派有军队防守，但因上海战局吃紧，大批部队被调往上海增援，仅剩第62师一部及少数地方部队守卫，造成一个空前的大缺口。日军在此登陆，既可切断沪杭铁路，又可形成对上海的包围。

11月5日，在晨曦中，日海军乘中方防务空虚，突然进袭杭州湾。日军首先出动其优势空军，并以军舰炮击金山卫、海盐城和乍浦一带，掩护其海军陆战队在金山县的漕泾镇、平湖县的全公亭和金丝娘桥一带同时登陆。由于中方缺乏准备，守备力量不足，也未能及时地组织有效的反登陆战斗，因而日军轻易地占领了滩头阵地，并源源不断地上岸。日军的这一举动，显然在于抄袭浦东我军后路，威胁沪西前线的中方阵地。

▲日军登陆金山卫

日军登陆后，一面由金山卫经张堰、松隐、米市渡直扑松江，另一方面则由漕泾镇经亭林、叶榭攻取闵行。这一路战况急剧变化，它的失陷与大场相比，对淞沪全线战局的影响更大。

当得知日军在杭州湾登陆，并立即向上海守军逼进的消息后，蒋介石于 11 月 5 日的当晚，就向前线打了 20 多次电话，总预备队司令顾祝同在电话中向蒋报告：敌军登陆后，配备坦克大炮的机械化部队迅速向上海、松江等地推进。蒋介石说：几个月来全力对付正面作战而把这个重要海口疏忽了，真是遗憾！他下令立即派遣第 62 师、独立第 45 旅及第 79 师主力前往阻击，同时令在青浦之第六十七军赶往松江迎击日军。但因日军推进很快，各部都未能及时赶到。第三战区也急忙调遣部队，试图阻止日军前进，但很快被日军击退。

◎ 松江阻击战

松江和嘉兴为沪浙咽喉，如果日军攻战了松江和嘉兴，就意味着将切断中国军队在太湖以南的东西通道，完全打开了进犯我杭州、苏州和苏浙皖边境的门户。而此时，中国驻守松江的守军只有川军第四十三军残部和松江专区的地方保安部队，形势岌岌可危。

11月6日，第八集团军副总司令黄琪翔急赴松江部署，令第79师、第11预备师、第六十七军、第61师等部队在新棳镇、孙家角、闵行之线固守各渡口，拒止日军渡江北进。[①]

这时，日军先头部队已抵黄浦江米市渡口，离松江城只有十多华里。第四十三军第26师第78旅某团于6日拂晓已经到达松江，当刘营长带领6连下午4时进到米市渡附近时，与正在渡江的日军展开了激烈的交战。

11月6日我第六十七军大部队也连夜冒着大雨赶赴松江县城。军长吴克仁决定以攻为守，先打赶了两天路程的日军一个措手不及，命令师出新东门向南阻击北犯之敌，重点保证米市渡安全；守卫城防及至李塔江沿江一线，阻击敌军进攻。并急令第107师第319旅率兵向金鸡浜、米市渡、得胜港黄浦江一线展开，迎头阻击向北窜逃之敌。第319旅的战士们迅速赶赴前往，随即与日军谷寿夫师团过河的先头部队的四五百敌人遭

---

① 上海淞沪抗战纪念馆编：《东北军与淞沪抗战》，上海书店出版社2014年版，第22页。

遇，来不及构筑工事，战士们马上利用江堤作掩护，占据有利地势，发挥火力优势，出其不意给北进日军以痛击，经一夜激战，终于将占领了金鸡浜、夏兴浜的日军先头部队全部击溃，迫使敌军后撤待援。

与此同时，第108师在城西三十号桥与敌进行夜战，敌军进西关后，形成巷战，战况惨烈，呈胶着状态。第108师健儿英勇奋战，杀声震天，经一夜激战，终于将顽敌赶出西关。

日军先头部队受到重创，死伤枕藉，于是退至松江县待援。11月7日，日军疯狂反扑，以猛烈的火力掩护，出动橡皮艇及木帆船由得胜港以西各渡口抢渡黄浦江，我守军以平射炮压制敌人火力，痛击强渡日军，当即毙伤日军五六百人，黄浦江的江面上敌尸累累，敌橡皮艇和木帆船几乎全部被守军击沉。黄琪翔闻报后，对官兵的英勇之举大加赞赏。已经过江的日军一部也进到松江城西南的李塔汇，当守军赶到松江城北约八里的张家桥后，第108师第322旅的647团最先到达李塔汇，与四五百日军遭遇，他们立即投入战斗，与敌激战整整三个多小时，击退了气焰嚣张的大股敌军。午后，日军增援部队赶到，在南门又发起更猛烈的攻势。军长吴克仁亲自上前线指挥作战，士兵们在南门外一次又一次地用血肉之躯与顽敌展开多次的生死搏斗，第四十三军和松江专区的保安队队员们都一起投入了血战。

11月8日，敌军后援部队陆续到达，攻势更为凌厉，直扑松江城下。第108师在城西拼死阻击，李塔汇一带被敌我反复争夺，阵地三失三得。上午11时，战士们与敌军血刃相接，官兵死伤过半。吴克仁军长亲自率队打冲锋，终于将日军打退。金鸡浜、得胜港一线的阻击日军登陆的激战，我守军伤亡不断增多，渐有不支之势，死伤过千，第107师参谋长邓玉琢殉国。米市渡附近日军进攻更为猛烈。①

黄昏时，敌军又重兵进攻小南门，守军打退了敌人的攻势，第321旅吴旅长身负重伤。同时，第108师在松江外围的三十号公路遭敌人袭击，正处在激战中。第324旅残部也正死守松江西门外围。至此，松江县城东、南、西三面被围，形势万分危急。吴克仁数次出城督战，身先士卒带头冲锋，终于将敌势压下。

傍晚，日军逼近松江西门，其增援部队如潮水般涌至，双方演变成了巷战，战斗极为残酷。由于松江城外两翼作战伤亡惨重，入夜，死守松江三日的军令已经完成，这时，不断有中级军官进入总指挥部，要求及时撤退，不然部队将不能摆脱敌军。但当时仍有上海守军源源不断在第六十七军后方撤退，而松江是沪杭之咽喉，失去松江，中国军队就断了向西、向南的退路，为了掩护友军，第六十七军坚持守到午夜12时，完成了死守松江县城的三日的军令。

深夜12时，吴克仁下令向青浦方向突围。这时，松江城之东、南、西三座城门都已被日军封锁，仅剩北门尚可通行。吴克仁让四十三军先撤，第六十七军残部和松江保安部队随即从北门撤出松江。吴克仁在撤退途中指挥过河泅渡时，中弹坠河，壮烈殉国。

◎ 战线转移，上海沦陷

11月7日，日军参谋本部下令将上海派遣军及第十军合组

---

① 上海淞沪抗战纪念馆编：《东北军与淞沪抗战》，上海书店出版社2014年版，第23页。

成华中方面军，以松井石根大将为司令官，令其以"挫伤敌之战斗意志，获得结束战局的机会为目的，与海军协同消灭上海附近的敌人"。此时日军已从前后两面对中国军队形成包抄之势，沪杭铁路已被切断，中国军队面临被围歼的危险。

与此同时，上海战场的战局重心，已不是在淞沪前线的苏州河畔，而是在沪杭道上。这一重心的转移，使淞沪前线的战斗顿时处于次要地位，持续十多日的苏州河沿岸的战局，随之而告结束。

11 月 8 日晚，中国统帅部鉴于淞沪战场急转直下的战局，面对中国军队有被围歼之虞，遂决定上海守军全线向吴福防线转移，这是中国军队事先构筑好的第二道国防工事。蒋介石在当日电话中要顾祝同等前线指挥官"想尽一切办法联络前线部队，制止混乱，派得力部队掩护阻击，其余要按计划撤"。

据说在 10 月中旬，日军攻占刘行、江湾、闸北、真如以后，中国军队伤亡过重，缺乏补充，主管作战的有关部门曾建议将上海守军有计划地转移到福山、常熟、苏州、吴江至嘉善、乍浦之线的既设阵地，作持久抵抗，以打击敌人，保持自己的战斗力，争取最后的胜利。只是由于当时统帅部寄幻想于"九国公约"会议，在已经下达了向吴福线转移的命令，而且有的部队已开始行动之后，又收回成命，要各部队仍在原地死守，因此打乱了部队的行动，涣散了士气，所以这次被迫决定全线撤退时，本来是战线的转移，可是却有溃败之势。

当中方主力奉命向西转移之时，部分暂时留下来掩护撤退的部队，仍在淞沪战线上激烈地拼搏，这就是浦东和南市最后堡垒的保卫。这两处的战斗又主要是在南市，其目的是掩护主力部队的撤退。他们足足在日军陆海空军的猛烈进攻之下，奋战了两个昼夜，打退了敌军的几次围攻，始终保持了旺盛的斗志和英勇的战斗精神。

▲中国军队利用简单掩体，顽强抵御敌人的进攻，掩护部队撤退。

南市的最后防御线，是从日晖港、法租界的南端一直到黄浦江岸。担任防守的是第55师的一个旅和警察总队以及苏浙行动委员会的别动队，而以上海市警察局局长蔡劲军为其指挥。

从8日沪西及浦东中方主力开始撤退起，南市即为日军进攻上海的最后目标，其间，日军猛烈地向南市进攻，并派飞机进行轰炸，中国官兵虽然是一部分在支撑最后的战局，但毫不畏惧，沉着应战，还击落了两架敌机，充分表现出了大无畏的牺牲精神。

11日，日军又一次发动了猛烈的攻势，以战车为前导，以步兵协助进攻，一直经制造局路向前推进，至午夜以后，战事扩展到南市外滩，部队因其掩护主力退却的任务已经基本完成，于是放弃这最后的保卫阵地而撤退。

南市弃守，大上海几乎完全落于日军之手，但零星的掩护战斗仍在继续，此时上海尚未完全沦陷。由于中国军队在撤退吴福和锡澄线时，仍与日军进行了战斗，因此此时的淞沪会战也不能算是终结。

上海沦陷的前两天，在中方军事退却转移的同时，市政府机关也准备撤出上海。为了安抚人心，上海市党部、上海市市长俞鸿钧、上海警备司令部和军委会政训处分别发表文告，其中军委会政训处的《告上海同胞书》写得颇为动情。中间一段这样写道："我军因战略关系，暂退第二阵地，与上海同胞小别。上海是民族精神集中发扬地的中心。在三个月的抗战中，军民支援极为感人。我军退到南翔等地，仍看得见上海，烈士灵魂寄托在上海，我们抗日的一颗心，也连着上海。"

上海市市长俞鸿钧发表的告市民书中，对市民又是安抚，又是赞扬。其中有几段话这样讲道："沪市抗战于今三月，吾市民奔走输将，流离转折，遭颠沛而不怨，履艰险而不辞。""整个社会同舟共济，军旅因之而克尽职责，将士因之而益激勇奋，在此九十日中，予敌人以巨大之损耗。""沪市民众抗战之精神，足以为全民族抗战之精神，沪市民众抗战之经验，足以为全民族抗战之经验。吾数百万民众，具此信念，即可使全国数万万民众，同守此信念而不渝，故切望吾沪民众不可因战地略移而误滋沮丧，更当因环境较异而益矢忠诚。"

不管怎么说，上海将要沦陷了。上海的弥留状态又持续了两天，当主力部队和政府机关全部撤离市区，以至坚守四行仓库的孤军营八百壮士也撤进租界后，残留在近郊的少量部队仍在继续抵抗，零星的枪声此起彼落。到 11 月 13 日，留在南郊的中国军队最后一批官兵全部阵亡后，上海市区终告沦陷。

在大撤退时，由于撤退命令不明确，谁先撤，谁后撤，部队官兵心中不清楚，所以已奉命撤退的和未接到正式撤退命令的部队一起后撤，上级又无路线指示，公路上挤满了各部队的人马，在日军的追击轰炸之下，已形成溃败情景。

以松井石根为司令官的日本上海派遣军六个师团 20 万兵力沿京沪线大举进犯，沿途用飞机轰炸、扫射我撤退部队，万分猖狂。14 日，日军攻陷沪西重镇浏河和太仓，然后继续西犯。19 日，苏州、常熟相继失守，日军大有饮马长江，威逼南京之势。

◎ 江阴保卫战

日军的进攻速度，大大出乎蒋介石的意料，他万万没有想到，中方因仓促撤退，士气低落，当日军追来轰炸扫射时，不能组织有效的抵抗，在混乱中到达原定的吴福国防工事时，由于既无守备军队，又无指示文件，即使几经周旋找到了工事位置，又找不到管钥匙的人开门。因此各路电话纷纷打到大本营汇报情况询问有关事宜，侍从室到处派人找工程指挥。军队立足未稳，又遭日军追击，溃不成军。不几日工夫，吴福线就丢失了。无可奈何之下，部队只有越过吴福线，继续后撤到锡澄线，蒋介石下令在此死守。

日军统帅部曾规定，华中方面军作战地区为苏州至嘉兴线以东，不得越过该线。但当日军推进到此时，松井石根因锐气正浓，毫无停止进攻的意思，反而决定乘中方溃败之机继续快速追击，企图一举攻占南京。日本参谋部虽对松井扩大战争的决定感到"震惊",却也默认了。24 日正式宣布废除原作战地域令,使战争逐渐升级。

11 月 25 日,日军占领无锡,中国军队在锡澄线尚未站稳脚跟,在日军强大的进攻之下再次弃守锡澄线,退向常州、宜兴及宣城以西。经营多年,被蒋介石称之为可以同法国马其诺防线相媲美的吴福、锡澄两道保卫首都的防线,弹指之间,已土崩瓦解了。由此使江阴陷于日军的直接围攻之下。驻守江阴的中国军队面对占绝对优势的敌人,展开了淞沪会战的最后一战——江阴保卫战。

11 月 25 日,日军第三舰战队集结了第三水雷战队、第十一水雷队与第十一扫雷队组成的一支攻击舰队,准备完全打通江阴封锁线,清出水路。26 日,日舰 60 余艘不时向段山港与毛竹港的沿江阵地射击。

日军第 13 师团分两路进犯江阴,一路从常熟出发,沿着常澄公路西进;另一路主力约一个旅团,从无锡出发,沿着锡澄公路向江阴扑来。前锋已经进到南闸、云亭、后塍以南一线,日舰艇 60 余艘也已进泊段家港以东江面。

日军飞机空袭江阴要塞,被炮台守军狠狠射击,一架被击落,其余几架仓惶逃窜。

27 日下午,青阳守军第 334 旅前哨一个连与从常熟窜来的后藤支队接战,战士们英勇顽强,有的战士中弹倒下了还不断地爬起来接着和敌军战斗,直至拼杀到全连几乎全部牺牲。哨歧、青阳镇相继失守,第 13 师团随即在无锡以北集结后向花山阵地的两翼运动。

11 月 30 日,江阴要塞保卫战进入最惨烈阶段。这时,定山阵地一度失手,花山阵地已经被突破多处,鲤鱼岩、松静庵等据点均失守,但是我守军仍然未作放弃决定。

▲江阴江防炮台

　　由于战况越来越趋于激烈，第112师师长亲率警卫上火线督战，身负重伤。第112师官兵的战斗力这时已趋向衰竭，于是，第336旅开始向板桥一线撤退。

　　12月1日，日军在海空力量的配合下，全力猛攻。这时，我中国守军的江阴要塞炮台发挥出强大的威力，炮兵们凭着过人的胆识和不屈的精神，向来犯的日军军舰射去复仇的火焰，日舰被击中了，又一艘日舰被击中了。战士们在炮火中咬着牙坚持着……

　　此时，由于江阴正面的第102、第112师守军已经连续奋战了多日，伤亡惨重，防线岌岌可危。与此同时，在杭州湾金山卫登陆的日本第十军10万官兵，向松江、嘉善方向突进，沿太湖南岸迂回包抄，11月21日攻占湖州，29日轻取宜兴和广德，然后沿郎溪北上，直指首都南京。至此，日本两路大军，30万人马，兵临南京城下。这样，旷日持久且我军付出重大牺牲的八一三淞沪战役终于画上了句号。12月6日接南京撤退通知。当晚，第112师全师突围。667团残部300多人在突围时与日军遭遇，激战彻夜后，全团将士全部英勇牺牲。

松江阻击与江阴保卫战打得异常的悲壮，这是在淞沪战场上中国守军阵地已经呈现全面瓦解和大规模退却无法避免的背景下进行的殊死之战。尽管战局极其不利，但我守军却依然以高昂的抗日爱国精神誓死阻击日本侵略者。他们的英勇搏击，迟滞了日军对苏嘉线和乍平嘉线的占领，牵制了北上迂回包抄的日军第18师团主力，使得淞沪主战场上的中国守军能从太湖东南西撤赢得空间和时间。

同仇敌忾
上海抗日运动高涨

淞沪抗战，全国各地的军队都积极汇集到这个抗日的战场上来，中国共产党更是积极宣传抗日主张，在抗战期间，开展统一战线工作，推动群众性的抗日救亡运动。上海的各界民众也积极地参加到抗战中来，他们纷纷组织抗日团体，成立战时服务团、战地服务队、救护队、抗战时期的掩埋队等，慰劳抗战将士，救国募捐，在保卫大上海的斗争中，作出了积极的贡献。

◎ 抗日民族统一战线下的抗日团体

1937 年 7 月 15 日，中共中央发表《中国共产党为公布国共合作宣言》，提出："只有文明民族内部的团结，才能战胜日本帝国主义的侵略"，号召全国民众"争取中华民族之独立自由与解放"。

为适应形势发展需要，1937 年 8 月下旬，八路军办事处在上海福煦路（今延安中路）多福里 21 号成立了八路军驻沪办事处，简称八办，在上海开展上层统战文化宣传工作。

1937 年 9 月 23 日，在中国共产党的努力下，国共两党再度合作，抗日民族统一战线正式形成。11 月，中共中央批准上海成立了中共江苏省委，负责全面部署上海抗日救亡运动的各项工作。

▲八路军驻沪办事处

在抗日民族统一战线旗帜下，上海各界纷纷成立起抗敌组织。1937年7月22日上海工商金融界、社会名流和国民党市党部、社会局要员等以"作抗敌后援，共谋完整国土、复兴民族"为宗旨，成立了"上海市抗敌后援会"。

上海文化界于1937年7月28日成立了"上海文化界救亡协会"。当时，上海的救亡团体有百余家之多，有力地支持了上海的抗日救亡运动。

宋庆龄在上海广泛联络各阶层妇女，成立"妇女抗敌后援会"，出版《中国不亡论》，激励着"孤岛"中的上海人民坚持抗战的信心和勇气。

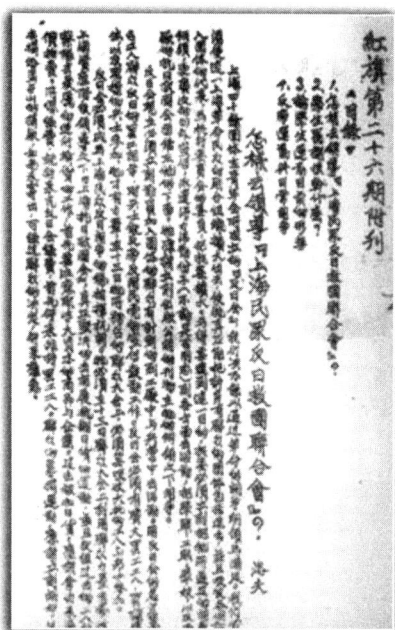

▲上海中共地下党刊物《红旗》
登载着有关领导上海民众反日
救国联合会斗争的文章

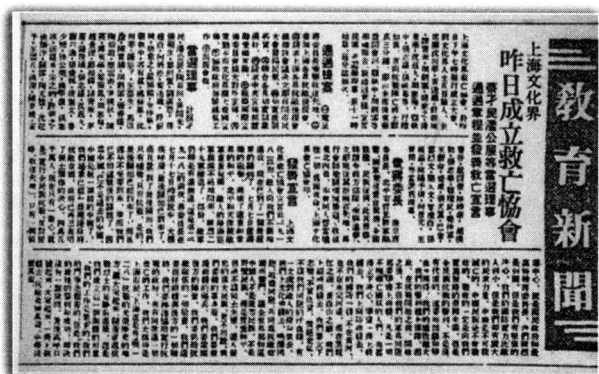

▲文化界成立救亡协会

在上海文化界救亡协会的影响和推动下，教育界、妇女界、职业界、工商界也相继成立了救亡协会。

◎ 上海各阶层民众支援淞沪抗战

淞沪抗战的炮声打响后，大上海的抗战之声渐强，文艺界筹备出版了一批救亡刊物，积极宣传抗日救国精神，传播全民抗战主张，扩大救亡运动的声势和影响。1937年8月24日《救亡日报》在上海创刊。

▲《救亡日报》

文化界救亡协会还成立了"孩子剧团"，以沪东临青学校为主的一部分中小学生，自发地在难民收容所进行抗日宣传活动。中国共产党派员前往指导工作。电影《青年进行曲》上映。

各种战时服务团体纷纷成立，人人争先恐后，个个奋勇当先。战地救护队，每天都到前线救护伤兵，他们冒着生命危险，到战斗最激烈的地方救过不少的伤兵，有时甚至还为此而牺牲在战场上。战时掩埋队的队员，为了抗战，为了自己的同胞骨肉，从火线上把战死的士兵运回来，掘坑掩埋全然不顾自己的生命安全。

还有许许多多的抗日团体，慰劳抗战的将士。上海淞沪抗战爆发的第二天，《申报》的一则报道说："现在国难当前，人民发起救国捐，为政府后盾，个人团体，捐助十万、数十万、络绎不绝，足见爱国热情，达于沸点。"上海各界民众，有力出力，有钱出钱，以自发的实际行动抗日救国。

在整个淞沪会战中，参加慰问前方将士的团体不计其数，充分体现了民众的抗敌热情。

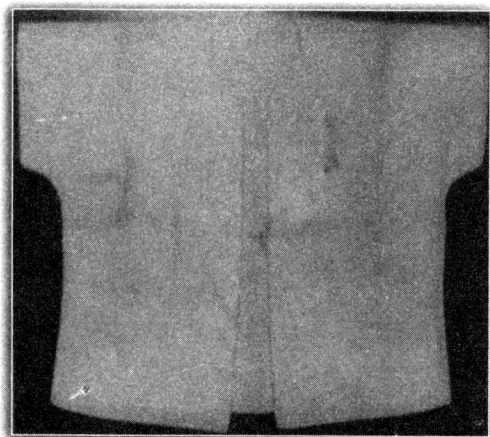

▲海关职工积极支援抗日将士，赶制一批衣裤送给医院使用。这是上衣前胸印有"卫我中华　江海关同人赠"字样。

踊跃捐款的行列里有集体，也有个人，有老翁，也有孩童，出现了一幕幕全民为抗战，一心为抗战的动人画面。

10月14日，上海青年救国服务团为纪念鲁迅逝世一周年，号召青年学习发扬鲁迅永不屈服的斗争精神，并发起捐募1万件棉背心运动，以支援前线抗战将士。10月19日，上海20个青年救亡团体联合会举行纪念鲁迅大会，会后出动宣传队、演讲队、征募队，募集到慰劳前线棉背心6000多件。国难当头，上海民众自发组织的募捐救国活动轰轰烈烈，从国民战时服务团召开团员大会后，在市区多路电车和公共汽车上散发宣传品，开展募"一分钱慰劳前方将士"运动，到抗敌救援会发起征集民众慰劳袋；从单位到个人，在国家生死存亡的关头，捐助十万、数十万者络绎不绝，民众的爱国热情，此时达到顶峰。

◎ 抗日别动队和反间谍斗争

八一三抗战爆发后，国民政府在上海组织起一个抗日别动队，有1万多人的武装力量，主要是配合正规部队作战，在敌前敌后扰乱、牵制、袭击敌军，并进行肃清奸细、敌特的活动，做了大量的工作。

他们做的其中一件事是前往浦东的川沙至金山卫及杭州湾沿海调查勘测，谨防日军偷渡登陆危及中国守军侧翼及后方补给联络线。他们出发前首先去上海劳动协会与朱学范先生联系，朱学范详细地向他们介绍了沿海地区的实际情况，并给他们派了熟悉地形的向导带路。他们一行不辞辛苦，不畏敌机轰炸扫射，连续奋战了四个昼夜，完成了预定的任务。

在这次任务中，他们还有一个意外的收获。在太湖湖盗中有一股最剽悍的队伍，有数百人之多，其首领丁锡山因杀人被囚于奉贤县监狱。他们建议为争取所有的力量投入抗战，由杜镛出面，将丁保释出狱，由其带领这支队伍立功赎罪，将湖盗收编后，用于抗日杀敌。于是海匪湖盗纷纷投诚，加入到轰轰烈烈的抗日洪流之中。

别动队，是参加淞沪抗战中一支特殊的队伍，一支作出贡献的队伍，一支永远不能忘记的队伍。

◎ 难民救济运动

战争给当时300多万无辜的上海市民带来了巨大的灾难，

使大量的民众沦为难民，仅在战役爆发的当天至少有 6 万中国人逃入了租界避难。10 月，据公共租界工部局统计，界内有难民收容所 110 所，收容难民 72070 名。另有流落街头难民约 4190 名。沪战以来已遣送回籍的难民有 64370 名，离沪返内地人员总计 371270 名。① 1937 年 8 月 26 日《救亡日报》记载："沪战发生后闸北及虹口区居民，在炮火下避至租界者，总数在 20 万人以上。从战争的恐怖中救到公共租界和法租界的有 70 多万。"据《立报》所载，1937 年 10 月初，上海难民不下 130 万人，进入租界最高峰时达 70 万。至 1940 年 6 月，南市难民区宣告结束，难民全部解散。但是，直至 1944 年初还有约 2000 余名老弱难民无处安身。整个难民潮前后延续长达四年之久。可见日寇的侵略战争给上海带来的难民潮不仅规模巨大，而且持续时间长。

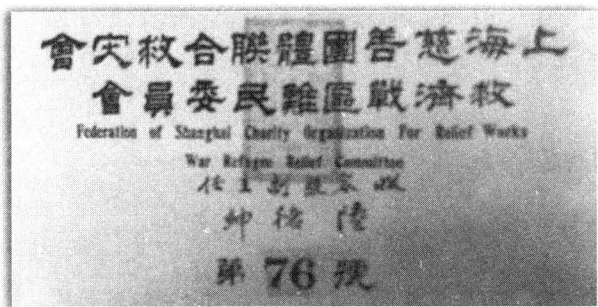

▲上海慈善联救济战区难民委员会臂章

战争造成的难民不仅数量众多，且还都面临着严峻的生存问题。在形势严峻的难民问题面前，当时上海社会各界各社会

---

① 上海市历史博物馆等编：《四个月的战争》，上海社会科学院出版社 2004 年版，第 100 页。

团体都积极地开展了难民救济工作，为尽可能地安排因战争而流离失所的难民，上海各方发起了难民救济运动。1937 年上半年，"上海市慈善团体联合救灾会"成立，最多时达 100 多人办公，是当时规模最大的民间救济团体。从 8 月 14 日到 8 月底，"慈联会"共设立收容所达 40 多处。

上海八一三抗战爆发后，有 70 万以上难民先后到"租界"避居，各个行业共设立了约 60 个难民收容所。法国天主教神甫、复旦大学教授、华洋义赈会会长饶家驹发起组织建立了"上海国际难民救济协会"。

中共江苏省委为此成立了"难民工作委员会"（简称"难委"），并在 20 余个难民收容所建立了临时党支部。很多党员被安排到收容所当管理员，积极组织难民政治宣传教育与生产自救活动。中国共产党的党员以各种形式进入收容所，在党的努力下，难民所办起了成人班、妇女班、儿童班，对不同年龄的难民群体进行抗战教育。

◎ 上海工厂、学校的内迁

为了保存民族工业的实力，稳定中华民族抗战决心，为抗战的胜利打下物质基础，国民政府组织了东部沿江沿海国营、部分民营企业和兵工厂往西南等地迁移。从 1937 年 8 月 11 日上海工厂迁移监督委员会成立到上海沦陷，上海共迁出的民营工厂约达 150 家，工人 2500 多人，机器物资 1.46 万吨（未迁出上海的工厂有 2270 家）。内迁的工厂第一步先迁到武汉，第二步再迁四川，大迁移几乎都是冒着敌机炮火危险前行的。

上海的高等院校占全国总数的三分之一，为延续中国的文化命脉，保存中国教育实力，尽可能地使学校和固有设备得到

▲上海国际救济会袖章

保存，国民政府颁布了《总动员时督导教育工作办法纲要》，作出了学校内迁的决定，分令各省市教育厅局及专科以上学校选择比较安全地区以便转移之准备，主要迁往重庆、成都和昆明等地。部分科研机构也随之内迁。

1937 年 9 月，复旦大学校长吴南轩带领百余名学生迁往江西庐山。当时，复旦的重要档案、文件、部分贵重仪器、图书和设备，装成十个大木箱，从淞沪铁路江湾火车站出发，向江西方向进军，在江西暂存两月余。12 月，南京失守，江西吃紧，复旦师生继续内迁。历经数天，师生们由九江、武汉、宜昌一路辗转来到重庆，到了重庆千斯门码头，受到重庆复旦校友等社会各界的热烈欢迎。这次大迁徙，是复旦校史上极为光彩的一笔。师生们不惮艰险远行千里，显示出国人绝不屈服于日寇的民族气节。复旦以北碚对岸夏坝数百亩土地为校址，开始了八年的教学生活。夏坝原名"下坝"，复旦新闻系教授陈望道取"华夏"之"夏"，将其更名为"夏坝"，寓意华夏，寄托了复旦师生对国家的热爱和对民族未来的憧憬。

　　抗战期间，内迁西南的高校有 100 多所。时至今日，复旦北碚旧校址是唯一留存下来的。战争年代办学，条件极为艰险，师生受冻挨饿，不时面临死亡威胁。教务长孙寒冰教授等师生七人，即在日机轰炸中不幸遇难。但复旦师生仍然精神饱满，生机勃勃。在北碚旧址的上空，敌机的轰鸣交织着朗朗的读书声；在沿江的斜坡上，总有三两成群的复旦学生在晨读、辩论，青春的热情呼和着奔腾的江水。孙寒冰先生在这里继续主持国内外最早的文摘形式刊物《文摘》，出版《文摘战时旬刊》，宣传抗日救亡，并在国统区里第一个刊登《毛泽东自传》，成为民主进步的一面旗帜。由此，复旦成为大后方办得有声有色的学校之一，被誉为大后方的"民主堡垒"。夏坝也与重庆沙坪坝、成都华西坝，并称当时著名的"文化三坝"。在重庆办学的八年里，复旦大学培养出 3000 多名优秀学生，许多学生积极投身革命洪流。

▲ 从上海内迁重庆北碚的复旦大学旧址

举世瞩目
国际社会对淞沪会战的态度

　　1937 年七八月份，当七七抗战与八一三淞沪会战的枪声相继打响后，全世界都感到震惊和愤慨。各国主张正义的报纸纷纷发表文章，斥责日本军阀的强盗行径和侵略野心。世界普遍认为，对于日军的侵犯，我国政府一定会发动全国军民坚决抵抗，给日军一个重创。因为不抗战就等于自杀，抗战则可以给中国争得一条生路。为此，许多国家对我国抗战深表同情与支持，苏联及国际友人等都纷纷伸出援助之手。

◎ 世界舆论的反映

　　八一三淞沪会战爆发后，美国、英国、法国与苏联这几个国家的报纸，对于日本侵略中国的行为，大加鞭挞与抨击，同时对我国的抗战深表同情与关注。例如英国自由党和工党的许多报纸，都发表了指责日本侵略野心，赞扬我国抗战的言论。

　　舆论中有两点较为一致的意见，一是警告日本政府，侵华战争也会使日本的财政经济受到巨大损失。日本国内证券市场股票价格狂跌，人心摇动，物价上涨就是明证。战争费用的巨大开支，使日本脆弱的财政不堪负担。二是都认为英、美、法、苏的共同行为，乃是国际间阻止日本军阀侵略中国的唯一有效办法。而且美苏之间已有了行动，例如苏联响应美国的和平宣言等。美苏反对日本侵略中国的合作，也使英、法参与远东反侵略的共同战线。应当指出的是，这时日本帝国主义的盟国德国和意大利，也不敢有公然袒护日本的表示，而保持着相对中立的态度。

自日本在沪挑衅之后，英国的《泰晤士报》发表社论，谴责日本军阀的黩武主义，对日本出兵上海，不遗余力地加以痛击。8月15日巴黎左派《人道报》称："日本帝国主义正向中国进攻，而欲侵占华北各省与上海市，中华民族为保卫领土，维护生存与悠久的文化，俾勿受野蛮的法西斯主义蹂躏起见，兹已一致奋战，决心抗战，全世界进步分子都向之表示同情，一如同情西班牙者然。世间酷爱和平民主者，都知道中立政策实即破坏集体和平之谓，此项集体和平组织，想以互助方式来援被侵略国。"欧洲的一些小国，如比利时、瑞士、捷克等，对我的抗战，都表示深深地同情，捷克还借款1000万磅给中国，对中国抗战给予物质上的援助。

美国的《华盛顿邮报》8月20日载文报道上海抗战，其中有几句这样讲道："今日日本的猖狂暴戾，不顾世界文化的影响，则亘古实罕其匹。日本武器虽强，但不足敌其赤裸裸毫不掩饰的野蛮性所造成的愤怒与仇恨。"

一向维护世界和平、扶持弱小民族的苏联，支持中国抗战的态度十分明确。主要因为日本侵略中国，从而再进一步进攻苏联的可能性很大。所以，苏联是支持中国对日实行抗战的。

◎ 各国政府的态度

中日淞沪开战之后，整个世界的视线都集中于此。中日两国战局的一张一弛，都牵动着世人。英、美、德等国在上海都有投资，因利益所在，据说英、美曾有互商联合制裁日本的计划，不知何故，未能具体实施。但英国曾组织千人兵员，开赴上海。

淞沪战事爆发，各国在沪利益受到了影响，英、美被挤出了中国市场。英文《大美晚报》有文载："自中日战争爆发以后，所谓我们（西人）的利益，所表现于吾人之前者，美国为潘纳号之被炸沉，英则大使之被射击……此等事件，不一而足，将来之发展，亦正在不可预料之中。沦陷区内之吾人财产，横遭摧残，或竟被拒绝入内，整个市场，尽为日货所攘夺，内河及沿海之航行，为日轮所垄断，吾人之既得权益已经画出明显的'？'了。"日本侵沪并垄断贸易市场，不能不引起世界各国的关注与反对。

10 月 6 日，国联大会关于中日冲突事件形成了一个决议，其大意是表示对中国予以精神上之援助，谴责日本政府采取海军行动断绝中国船舶沿中国海岸线航行。空军在各地大施轰炸和日本陆海空对中国实行武装入侵，已违背日本在九国公约及巴黎非战公约下所负之义务。各国一致认为，目前中国之局势，不只关系冲突中的两国，且对于一切国家，均有若干关系，许多国家与其人民，皆已直接受其影响，且世界各国均感和平当恢复与维持，此亦即为国联所以存在之根本目的，故国联有依照盟约及条约下之义务，以谋迅速恢复远东和平之职责与权利。要依照盟约暨国际公法之原则，及现在之条约，而重树和平。委员会希望关系各国能与其他远东有特殊关系之国家，联合工作，寻求以协定方式，结束中日冲突。

参加会议的各国代表，不管出于何种目的，维护其本国利益也罢，同情中国抗战也罢，在声讨、谴责日本军国主义方面，意见是一致的，态度也是坚决的。

英国政府是极力反对日军进占上海的，因为日军的侵略，使英国在华利益受到致命打击，英国的对华贸易一退再退。所以英国所采取的策略，是想利用国联的势力来钳制日本，为此，它提议恢复国际银团对华共同贷款，召开南京货币会议，改革中国币制等，并答应贷款1000万给中国。为了防止其自己的利益不再被人侵夺，英国采取了一系列积极的政策，如关心中国铁路、公路、航运、航空交通等。实际上这一切活动的目的是为了恢复其业已衰落的对华贸易地位，所以英国极力反对日本对上海的占领，并为调停中日冲突而不断努力。

美国政府由于在华利益因日军入侵上海而受损，也极力反日。美国的对华贸易扶摇直上，一度跃居英、日之上。它除了交通投资以外，对中国的电气、公用事业、文化事业以至工业和矿业都有投资。所以，对于远东局势，美国国务卿声明："吾人主张保持和平，对政治问题，均不欲用武力解决，更反对干涉他国的内政。现行各种条约，务当尊重。"

除了劝告中日双方自动寻求和平解决以外，美国还在8月份向日本非正式提出居间斡旋的建议，以期解决纠纷。美国建议选定一个地点，以便中日代表会面商谈。自中日两国发生冲突以来，美国政府不断吁请双方务必寻觅和平解决方案。

美国总统罗斯福在一次讲话中，说明美国虽抱不参加战争之决心，但不能担保不被卷入战争漩涡。美国政府不但呼吁各国对日本的强盗行径加以反对、阻止，而且还对日本毫无理由地侵占他国领土，使无数无辜平民妇孺死于飞机炸弹之下，及危及人类文明的可耻行为，痛加斥责。

1937 年 10 月 6 日，美国政府发表声明，宣布日本破坏九国公约与凯洛格非战公约，美国愿竭尽全力为国联之后盾。并呼吁世界爱好和平之国家，对于世界战争之威胁，如能取联合行动以制止之，美国当追随拥护。最后美国政府郑重声明，国际上若没有全体遵守之法律及道德标准，国际间即无安宁与和平可言，而国际间之无政府状态，即将使和平之基础摧残尽绝。主张国际条约，必须尊重，国际道德，必须恢复！

法国是把中国作为朋友看待的，日军入侵上海后，法国政界人士对冲突的恶化深为忧虑，曾提出与中国有主要关系的国家应取何种态度的问题。法国外长德尔博在国民议会的演说中，在谈到中日争端时说："我们所特别全神贯注的东西，乃是我们加倍关切的一个作为朋友和受害者的国家的命运。"他进一步阐述道："因为保卫和平不在于一般说理，不在于口头言词和准则，而在于日常朴实无华的行动，有时甚至是隐蔽的行动。我执意要向你们表明的，就是我们在这个问题上所持态度的细节。"

英国、美国、法国以及国际联盟成员国的大多数国家，都竭力履行人道主义职责，给中国以深深的同情和支持，对于维护世界和平作出了积极努力。

◎ 各国人民的声援和支持

淞沪会战不仅得到了全国人民的同气声援，也得到了全世界主持正义的各国政府、各国人民的大力支持和海外华侨的鼎力援助。海外华侨迅速集结在抗日民族统一战线的旗帜下，在全力声援上海抗战的同时，还慷慨解囊，积极捐款，甚至组团编队，回国服务，表现出高度的爱国热情。

处在战争炮火包围中的上海人民并不孤独，全世界爱好和平的政府、社会团体和人民始终关注着上海，并以各种形式，在道义上、物质上支持和支援上海军民的抗战。

苏联对于中国抗战是非常支持的。中苏两国基于对维护世界和平与地区稳定有所贡献，于 1937 年 8 月 21 日，淞沪战役爆发后，签署了《中苏互不侵犯条约》。在条约中，两缔约国郑重声明，双方共同斥责以战争为解决国际纠纷之方法，这是苏联对中国最实际的援助。条约签订后，苏联立即采取积极行动援助中国，对中国的抗战给予道义支持，也提供了大量军事援助，这对中国人民是极大的鼓舞。

美国劳工领袖勃劳特在一篇演说词中说，从各新闻媒体获悉，今天上海的千万男女妇孺惨遭轰炸，这是日军对中国民众所进行的残忍和血腥的无故进攻，我们感到，这如同给我们造成的威胁一样。我们与中国的兄弟们有着密切的关系。他一再表示，为着世界的和平，必须割断美国与日本的一切经济关系，直到日本的军队退出中国的国土为止。

美国空军退役军官陈纳德来华训练中国空军，组织"美国志愿航空队"，也称作"飞虎队"。1937 年 8 月 13 日，淞沪会战第二天，陈纳德派飞机参战。虽然轰炸机队投弹偏离目标，但中国战斗机在当日的空战中取得了胜利。按照陈纳德与中国航空委员会所订的三个月合同，他的顾问任期到 10 月就满了。之后，蒋介石、宋美

▲美国空军退役军官陈纳德

龄邀请他留在中国参加抗战，他毅然留下了。他们也没谈延长合同的事，只是每月发给他一定的薪金。当时，美国政府对日侵华战争持"中立"的态度，日本知道有美国顾问在华帮助中国，曾要求美国下令让所有在华的美国空军人员离开中国。美国国务院将此情况转告陈纳德时，陈斩钉截铁地回答：等到最后一个日本兵离开中国时，我会高高兴兴地离开中国。

在英国伦敦，在康特白利大主教的领导下，举行了"反对日本在华暴行"的市民大会。

法国巴黎《人道报》主笔古久列对中国军民的抗战给予高度赞扬。

俄文每日新闻社致信宋庆龄，对中国的抗战表示最大的敬意与同情，并认为日本是中苏两国不共戴天的敌人，呼吁中苏亲善，在反抗日本帝国主义的斗争中相携相助。

许多国家的友人都对我国表示同情与支持。巨大的声援，是对中国军民抗战最有力的支援。

惨不忍睹　炮火下的上海

从 1937 年 8 月 13 日淞沪抗战爆发起，在历时近三个月的会战中，日军利用淞沪沿海之地势，陆海空三军联合作战，尤其是发挥空中和海上舰艇火炮的优势，对上海进行了持续的狂轰滥炸，无数建筑物被炸毁，商店民房倒塌，成为断壁残垣。日军进占上海之后，烧杀、抢掠、奸淫，无恶不作，大肆屠杀手无寸铁的无辜平民，致使无数生灵惨遭涂炭，无数街镇村落、学校、厂房、商店、庙宇夷为平地，许多人倒毙街头，流离失所……在日军的炮火下，繁华的大都市上海满目疮痍，遭受到了巨大的创伤，残暴的日本帝国主义在上海犯下的滔天罪行，罄竹难书。

◎ 疯狂日机狂轰滥炸

许多战争、战役似乎都是以轰炸开始的，八一三淞沪抗战也是如此，轰炸致使大上海数以千计的市民无辜倒在炮火中。

8 月 14 日，上海战事一开始，日军就发挥空中和海上优势，对市区进行狂轰滥炸。先是停泊于黄浦江中的日舰，由"出云"号旗舰指挥，集中轰击我军闸北阵地。由于日舰上的高射炮乱放，下午 3 时许，弹落南京路外滩，华懋及汇中两饭店一部分被炸，死伤中外市民百余人。被炸现场，惨不忍睹。

▲南京路炮弹落弹惨状

下午4点半左右，爱多亚路大世界游戏场门前又遭日军飞机轰炸，这次日军投下的是100余磅的巨型炮弹，爆炸声震动全沪。当时马路上正是车水马龙，万人攒动，不料罪恶的炮弹飞来，致使多人伤亡，断股折肱，横尸路中。东至杭州饭店，西至876号上海搬场公司，南抵敏体尼荫路的恒茂里，北至虞洽卿路口，几为鲜血所染。当时大世界难民收容所门口有部分难民在候车，他们当中也有多人被炸身亡。本来日本的侵华战争已给无数的中国百姓带来了无情的灾难，现在日本的炮弹又使他们命丧黄泉，怎不使人痛心至极。就连交通指挥亭上的法捕房巡捕也未能幸免。最后统计结果，这次大世界游戏场门前惨案共死亡445人，重伤200余人。另外，中西药房分号中弹起火，四周较远的各商号玻璃门窗全被震碎。车辆被毁40余辆，财产损失无法统计。

8月23日午后1时，在上海公共租界又发生一大惨剧。日机的炸弹投在南京路先施公司，被炸死伤者700人以上，永

▲麦根路上被炸毁的无轨电车

安、先施两公司及邻近各商店受损严重。除了被当场炸死的之外，许多被炸伤的人，流着鲜血在四处慌乱地奔逃、呼救，有的在奔跑中倒下了。整个南京路上，汽车和人力车都在往医院运送着满身鲜血的受伤百姓。他们有的被炸飞了手臂，有的被弹片击中了小腹，血流不止。南京路上，人们的叫喊声、伤者的呻吟声、寻子觅妻的呼号声，令人心碎，揪人肝肠。

8 月 28 日午后 2 时许，日军出动 12 架轰炸机，在沪杭甬铁路的起点——南站，投掷了至少八枚炸弹，进行了一番狂轰滥炸。车站的站台、候车室、天桥、水塔及车房等均被炸毁。当时，南市的南站附近是人口稠密地区，完全没有中国军队驻防，也未设有军事要地，整个南站挤满了为躲避战祸的成千上万的难民，他们在这里等候火车，他们的家已经被无情的炮火毁灭了，他们的生计也被战争断送了，没有安身之地，只得回到自己的家乡去。但是，就是这唯一的一点希望，还是在日军的轰炸声中破灭了，许多人离开了人间。在日机轰炸之后，难民死伤六七百人，"死者倒卧于地，伤者痛苦的哭叫，残肢、头颅，触目皆是，血流成渠，泥土尽赤，景象之惨，无以复加"。这是《立报》于次日报道所言。敌机于轰炸之余，又投掷硫黄弹多枚，南站之外扬旗及郑家桥两处，当即着弹起火，燃烧甚烈，直至傍晚才被扑灭。日军无辜轰炸交通设施，残杀平民，焚烧房屋，此种绝无理性有悖人道的举动，真是人性丧尽，惨绝人寰！

▲日军从闸北撤出，纵火焚烧，大火蔓延 9 公里。
对面是麦根路（今石门二路）。

关于这次日机轰炸的情况，华美出版公司 1939 年 3 月 10 日出版的《上海一日》中，有人作了详细的描述：

当日机飞临到南站上空之时，人声鼎沸起来，惊慌的怪叫，悲惨的痛哭，疯狂的奔跑，手足无措的呆立不动，千万个难民在这种情形之下，除了慌乱、逃散，还能有什么办法呢？轰！轰！轰！数不清的炸弹，吹不散的浓烟，遮没天空，震撼寰宇，好像要把整个地球毁灭似的。于是房屋的倒塌声，机枪狂号声，以及人类的惨叫声混成一片，真是惊心触目！

......

没有头的人，断了手足的人满目皆是，一个个都躺在地上，横七竖八，其凄惨之状，无法形容！

在敌机轰炸之后，人们才慢慢从刚才的惊呆状态下，神志恢复原状。被炸现场的哭喊声愈加厉害了，当没有死的人看到自己的亲人死伤，怎不感到哀痛！同时，未死的人差不多都走失了，父亲唤着儿子，儿子喊着母亲，含泪的叫喊，声音又是那样的悲切！

更有不能分离的，母亲死了，孩子还要母亲给他哺乳，孩子死了，母亲不忍抛弃孩子，还抱在怀里痛哭，触目酸鼻的事情，到处都是，那是多么残酷的啊！

这是上海在日机轰炸下无数个场面的缩写，这是人们在日军炮火下深受其害的真实写照！

日军在淞沪会战中，究竟对上海轰炸了多少次，谁也数不清。每次轰炸之后，总是大火熊熊燃烧，浓烟滚滚冲天，尸体成堆，血流遍地，房倒屋塌，到处是残垣断壁，废墟一片，其状之惨，目不忍睹！

◎ 灭绝人性的肆虐屠杀

日军在疯狂轰炸之后，紧接着的是烧杀抢掠，日军对无辜的平民和战俘进行了灭绝人性的大肆屠杀。丧尽天良的日军无恶不作，对广大妇女进行摧残污辱，其野兽行径令人发指！仅宝山县被日军枪击、刺杀、火烧、砍头、剖腹、活埋的人就有11233人之多，上海平民在此次战争中的死亡人数不下10万，彻底暴露出这场侵略战争的极端残暴残忍。

▲被严重摧毁的南市

日军攻占上海时，烧杀抢掠的场景处处可见。

日军进攻宝山县城的那天，城内中国守军还留下部分兵员，准备掩护城中四五百名老百姓冲出城去。但到城门口时，日军已占领城门，无奈只好又向城内退去，把老百姓都安排在一个事先挖好的地洞中，部队官兵把仅剩下的两挺机枪架在洞口，和日军作最后的拼搏。最后部队是弹尽力疲，全数悲壮殉难，四五百名老百姓大部分被日军枪杀，有许多妇女是被日军强奸后杀害的。宝山县城经过日军一番惨无人道的屠杀后，遍地都是死尸。日军的屠刀沾满了中国人民的鲜血！后日军对宝山城又进行了焚烧和抢掠，宝山城一片狼藉。

自8月到10月间，日军还对占领的杨树浦地区的平民进行大屠杀，造成大量平民死亡，尸体堆积如山，逐渐腐烂，最后导致疫疠虐行，几乎传播到全市。

在将近三个月的淞沪会战中，整个上海几乎天天处于炮火和硝烟之中，暗无天日。

10月26日，中国军队撤出闸北。10月27日，日军侵占

▲日军残害上海平民

闸北后，随机以三五人为一小队，沿街一路烧去。日军先将空屋打开，立即抛入引火物。《申报》描述当时情景：苏州河北大火彻夜未熄，一公里外，火舌隐约可见，日军的焚烧暴行致使当时的闸北全境几成一片焦土。

1937年11月12日，上海沦陷之后，日军在金山卫整整烧了三天，杀了三天，村里的一口赤旱塘，竟成了日本侵略军的杀人塘。闸北区整个石库门弄堂和繁华街道成了一片焦土。恒丰路、兴和路一带，只剩下一幢孤零零的三层水泥楼房。宝山县罗泾乡在当年日军登陆的池塘边立了一块刻着"永志不忘"四个大字的石碑，碑文记载：八一三日寇于此登陆后，在不到一百天的时间里，仅罗泾乡范围内惨遭杀害的无辜群众就有2244人，占当时乡民总数的80%，烧毁民房10908间，被称为"罗泾血案"。

日本侵略军在舰炮的掩护下，从金山嘴、戚家墩、白沙湾三个方向攻入金山卫城。居民听到枪炮声纷纷逃难，来不及逃难的就遭到了日军的屠杀、强奸。朱海、南门两村被杀平民71

人，被烧房屋 94 间。特别是住在城门外一带的居民，有的被刺刀刺死，有的被捆绑后关在屋里活活烧死。三天之内，80%以上的房屋被烧毁，共计 3059 间，被杀戮的无辜村民有 1015 人。

11 月 16 日，中国军队从南市撤退后，南市即被日军纵火焚烧，市区一片火海，一直燃烧了两天还没有熄灭。晚上，站在高处，可以望见南市冲天的火焰，把整个南市上空映得通红，那火海一望无际，一栋栋房子相继被火焰吞食，无数个同胞的生命，都葬送在火窟之中。

从火中逃生的难民，有的半边脸被火熏肿了，有的头发被烧光了，每个人都带着伤痕和哀愁。当他们正准备从火海中跑出来时，日军的炮弹像雨点般落在他们身边，为了逃命，他们已经管不了这些了。等他们站起来准备往外跑时，敌人又在林荫路大吉路口架着两挺机枪，向逃难的人群疯狂扫射，所以，许多人又倒在了敌人的枪弹下，能够逃出来的只是个别的。整个南市已变成了焦土，这是空前的浩劫！

1937 年 11 月 21 日，《立报》报道了上海公共租界内流弹致 5000 人伤亡的具体情况和数字。报道说，沪战爆发后，因日方大炮飞机滥施轰炸，公共租界内为流弹击中死亡人数，较"一·二八"时多 33 倍，受伤者多 13 倍，截至 10 月 12 日，共有非战斗人员 2057 人（外籍人士 11 人）死于流弹，受伤者 2955 人（外籍人士 36 人）。日军连公共租界非武装区的非战斗人员也不放过，对英勇抗击其入侵的我军阵地来说，其疯狂程度是可想而知的。

这只是在一个有限的范围内，日军犯下的罪行。联系到整个大上海，日军的暴行，罄竹难书！

◎ 文化教育机关、民居设施的被毁

日军不仅在淞沪战役中进行灭绝人性的大屠杀，还以恶毒的手段毁坏我文化机关。闸北、江湾、杨树浦一带的大专院校、中小学和市区的图书馆、博物馆等尽遭破坏。还对非军事设施的工厂、商店、学校、医院、民房进行破坏，令人痛心疾首。据上海市社会局调查，截至 10 月 15 日，全市包括战区和非战区，已被损毁的大学有 14 所、中学 27 所、小学 44 所，博物馆、图书馆、体育场等社会教育设施 8 处。

八一三上海战事发生的第三天，位于军工路的沪江大学校舍就被日军全部炸毁。沪战的前两天，由于中国军队的英勇抵抗，日军进展缓慢，为泄其怨恨，遂炮击沪江大学。

位于真如的暨南大学和东南医学院，日军狂轰滥炸后，前者半毁，后者全部被毁。同济大学、复旦大学、持志学院在日机轰炸及炮击下全部或大部分变为废墟。

▲上海之大已容不下一张平静的书桌，图为被炸的江湾中国商学院。

上海较著名的大学——暨南大学的校园，往日充满诗情画意，一眨眼工夫，在敌人炸弹的爆炸声中毁灭了，这里的许多同学也惨遭不幸。

除了大学校园之外，还有许多中、小学校及社教机关的建筑遭到不同程度的破坏，损失都十分巨大。

江湾沦为战场，当时刚刚兴建的上海市立图书馆、博物馆遭到破坏，被迫闭馆，上海市政府被日军占领。

沪西名胜龙华古寺在日军的空袭中也遭到破坏，寺内大量的建筑及佛像遭到毁坏。

▲被日军炸毁的龙华古寺

◎ 民族经济遭受破坏和劫夺

1937 年的上海是当时全国经济最发达的城市之一，市内开设有大量的工厂，八一三事变爆发后，上海的民族工业遭受了空前的打击，大批的厂房、设施遭到毁坏，工厂被劫，机器被毁，棉纺、面粉、卷烟、航运等许多行业损失惨重。

上海的机器业厂屋，毁于战火者为数甚多，就公共租界内而言，已有 410 家。战前上海的机器业，厂址多设于虹口以及南市、闸北等地，这数百家工厂多遭战火殃及。据不完全统计，战事起后，多数工厂均遭不同程度的破坏，损失较严重者达 360 余个，损失 1400 余万元。

棉纺工业也是遭受破坏最为严重的工业之一。上海租界以外被毁的华商纱厂的纱锭约计 157981 枚，线锭约计 20120 枚，织布机约 478 台。开设在租界内的华商纱厂，虽未受炮火打击，但在日军警备地区（苏州河以北的租界区）的各厂，大都被接管。

1937 年 12 月 27 日上午 8 时 3 刻，申新一厂、八厂惨遭轰炸，一厂北工场、布厂的半部、办公室、工人宿舍、饭厅、货栈、物料间等几乎被炸毁。这两个厂的损失折合法币为 3836786 元，还有英镑 1009 镑、美金 1961 元，这只是两厂固定资产损失的总数。此外，各项资产的损失，如原棉、纱布、在制品、机物料等，照当时估价达法币 11344 875 元。

申新五厂损失巨大。据统计达 1978188 元（法币）。另外，申新六厂、七厂也都有很大损失。

自从沪战爆发，上海的面粉业损失也十分严重。一是因战事各厂曾一度停工，有较长时间的停产，面粉的生产量尚不及以前的四分之一。二是许多面粉厂被日军强占为办事处及军用材料库，一些机器设备被日军拆卸偷运走，使面粉业损失重大。

上海的卷烟业也在劫难逃，许多烟厂都焚之于战火。位于上海东熙华德路的南洋兄弟烟草公司，被日军强占后，在此布置防御工事。日军将公司的重要机器等焚毁，把楼下辟作野战邮电局。

另外，上海的水泥生产、航运业等均遭到损失。

据当时美国经济专家精密调查统计，八一三淞沪之战，上海所受的损失较"一·二八"时增加三倍，"一·二八"时所受损失约 10 亿美元，而八一三所受的损失，则当在 30 亿美元以上（闸北浦东不在内）。贸易额亦惨跌 80%，上海对外贸易的 4/5 被停顿，工人失业者达 90%，工厂 65% 以上全部被毁。

◎ 数以万计的难民

淞沪会战爆发，使 300 多万的上海市民挣扎在炮火下的生死线上。闸北被敌机投弹击毁，南市、浦东因日军的炮击而大火熊熊，从市区到郊区，全被日军扫荡，市民的财产被毁坏殆尽。日军的侵略使得数以百万的上海人民流离失所、妻离子散，成为漂无定踪、饱经苦难的城市难民。人们无家可归，背井离乡，乞讨为生……

那些在日军炮击和烧杀的战火中逃出的难民，有的逃出了灾难，又遭残杀。数以百计在南站火车站、杨行汽车站等车离沪的难民成了日军炸弹下的冤魂。9 月 8 日，由上海驶往南京的难民列车在松江车站被炸，300 余人被炸死，在南翔、苏州、嘉兴等地的炸车事件中，死伤的难民在数万以上。

逃出了火线的难民，逃不过杨行、南站；逃过了南站的难民，逃不过苏州、无锡；可怜的逃难者，仍旧逃不出倭寇的毒手。

京沪、沪杭两线通车后，每天有好几万扶老携幼的难民，潮水般地涌向这两个车站，道路上拥挤不堪，婴儿的哭声、被压倒的人的呼救声、呼儿唤女的悲啼声，撼着整个车站。

从战争的恐怖中被救到公共租界和法租界的 70 多万难民，整日处在饥饿、寒冷、疾病的威胁之下。无论走到什么地方，随处都可以碰见这些战争的牺牲者。男人、妇女、儿童聚集在停车处或商店橱窗的前面，地上坐着的，躺着的，横七竖八，

▲逃难的上海难民

到处都是。每天因痢疾和饥饿而死的就有 200 多人。

在老北门附近的旧民国路上，挤满了 2 万多难民，他们扶老携幼，站立在街头，几乎连坐的地方都没有，他们在这儿站立了已将近两天两夜，粒米未进，滴水未沾，早已饥肠辘辘，饥饿难忍了。

徐家汇慈云桥，难民似蚁遍布，老吟小嚎，横躺地上垂首沉默。几天的大雨，泥水浸湿了难民的全身，在这种情形下，他们已经坚持了一个多星期，上海的救济会尽力援救他们到法租界。尽管慈善团每日装一卡车一卡车的干粮救济，但这只是杯水车薪。

成千上万的难民，整天在饥饿、寒冷、雨水、疾病中度日，他们满脸愁容，心情惆怅，拖着疲惫的身躯，在生死线上煎熬。是日本军国主义发动的侵华战争造成了这庞大的难民队伍，使难民们陷入了极度的痛苦与悲伤，这笔血债永远记在了倭寇的账上。

◎ 人间魔窟慰安所

"慰安妇"制度是在侵华战争及第二次世界大战期间，由日本军部策划的一个有目的、有计划、有组织的行动，日军占领上海期间设立多家慰安所供日军使用，其中的慰安妇多是日军从中国、朝鲜半岛和日本本土诱骗和强迫征招而来的。

中国妇女是日军慰安制度最严重的受害人群。1932 年，为给在上海的日军海军陆战队提供性服务，日军在今上海东宝兴路 125 弄 1 号开设了世界上第一个日军慰安所，也是世界上存在时间最长的日军慰安所——大一沙龙。1932 年日军在上海开业的日海军慰安所多达 17 家。到后来，上海的日本慰安所越来越多，有史料或证人可查的达 149 家。日军慰安所是日本侵略者占领中国领土后爆发的大规模的灭绝人性的强奸，也是日军对世界各国妇女丧尽天良的践踏和蹂躏。

▲杨家宅慰安所

　　"大一沙龙"这个魔窟在存在十三年之后,随着日军投降而消失。当日本战败的消息传来,这里的日本兵和日本人发疯似地喝酒发泄、狂吼怒骂,他们为自己可耻的结局而哀鸣。最后,他们在慰安所的木屋上浇上了汽油,用一把火烧掉了这个和他们一样肮脏的罪恶之地。

浩然正气　日月同辉

淞沪抗战虽然最后是以中国军队的大撤退，甚至可以说是以失败而告结束的，但是牺牲于淞沪战场上的先烈们在血与火的抗争中，表现出的崇高爱国主义精神和有我无敌的浩然正气，却时刻激励着我们为民族的昌盛、祖国的富强、人类的和平而奋斗。淞沪抗战的意义是重大的，哀兵辉煌，哀兵犹荣。

◎ 抗战英雄

为永远铭记抗日英烈的不朽功绩，弘扬中华民族伟大复兴的精神力量，经中共中央、国务院批准，2014 年 9 月 1 日，民政部公布了第一批在抗战中顽强奋战、为国捐躯的 300 名著名抗日英烈和英雄群体名单，其中就有一部分英烈曾在淞沪这片土地上为挽救民族危亡、实现民族独立和人民解放、维护和平与国际公平正义而舍生取义、壮烈牺牲，他们的业绩永载史册：

军政部航空学校美籍飞行教官　罗伯特·肖特
国民革命军陆军第十九路军吴淞要塞司令部参谋长　藤久寿
国民革命军陆军第六十七军第 107 师参谋长　邓玉琢
国民革命军第六十七军军长　吴克仁

国民革命军五十八军第 74 师第 174 旅旅长　吴继先

国民革命军陆军第二十八军第 63 师第 187 旅旅长　李伯蛟

国民革命军陆军第四军第 90 师第 270 旅旅长　官惠民

国民革命军陆军第七军第 170 师第 510 旅旅长　庞汉祯

国民革命军陆军第十八军第 98 师第 292 旅 583 团 3 营营长　姚子青

国民革命军陆军第七军第 172 师副师长　夏国璋

国民革命军陆军第七军第 171 师第 511 旅旅长　秦霖

空军第五航空大队飞行员　阎文海

国民革命军陆军第九集团军第 88 师第 264 旅旅长　黄梅兴

国民革命军陆军第十八军第 67 师第 201 旅旅长　蔡柄炎

国民革命军陆军第九集团军第 88 师 524 团　谢晋元等八百壮士

此外，还有不少参加过淞沪抗战，后来在其他战场牺牲的烈士。1937 年 12 月，联合勤务总司令部抚恤处编纂了《中华民国忠烈将士姓名名录》，登记了在抗战期间（1937 年 7 月 7 日—1945 年 9 月 3 日）阵亡将士。

◎ 淞沪会战的意义

首先，淞沪会战充分显示出高于一切的民族精神和爱国主义精神。在日寇入侵上海，国难当头之时，全国军民，都能在抗日的旗帜之下，团结一致，同仇敌忾，共御外侮。特别是军队内部，尽管以前有各个山头和派系，但当外敌来犯之时，都能够抛弃前嫌，枪口对外，团结抗战，在中国统帅部的统一指挥之下，开赴前线。中国官兵深具民族意识与国家观念，都能履行中国军人的天职，拼搏疆场，他们所表现出来的战斗精神、牺牲精神和爱国主义精神是值得弘扬的。尤其是在制空、制海权几乎全操在日寇之手的劣势下，全体官兵都能够浴血奋战，前仆后继，以血肉之躯与日寇拼搏，其视死如归的精神可歌可泣，表现出来的战斗力量，令英、美等国家的军事家们感到惊讶，从此刮目相看。

在淞沪战场上，日寇海陆空联合作战投入了 30 多艘军舰、400 多架飞机、300 多辆坦克和大批火炮，扬言要三个月灭亡中国，结束战争。中国官兵在武器装备绝对劣势的情况下，充分发扬了为祖国利益不怕流血牺牲的光荣传统和英勇献身精神，毙伤日寇 4 万余人，沉痛地打击了日本军国主义者的猖狂气焰，打破了日本帝国主义的妄想。

其次，淞沪会战牵制了日军的兵力，打乱了日军的作战计划。在淞沪会战前夕，中国方面是做了充分准备的，修筑国防工事，准备持久抗战，甚至还有引敌南下，分而歼之的计划。因此，在战事开始时，中方处于主动地位，先后投入了六个集团军共十八个军，总兵力达 75 万人。

而日本方面在淞沪会战前没有充分的准备，也没有在上海进行大战的计划。但是开战后随着战事扩大而倾全力参战，上海方面逐步成为其"主战场"。七七抗战后，日本发动全面的侵华战争，当时，日寇的主要精力放在华北战场上，想以华北为基地，依次向南推进。1937 年 8 月，日军在华北为九个师团，而上海只有两个；9 月，华北为八个师团，上海增加到五个；这时上海战场由于我军的顽强作战而使战事吃紧，日军进攻受挫。9 月 5 日，日军统帅部决定抽调华北兵力南下，把主作战移到上海方面，这时将华北日军减为七个师团，上海则增加到九个师团。总之，在淞沪会战的前中期，我军处于主动地位，一直牵着日军的鼻子走，而日军处于被动。我军在战争中给予来犯日军以迎头痛击，大量杀伤了日军，迫使其一再增加兵力，动用了基本主力军。

再次，国民政府进行淞沪会战的目的是明确的，依事前的计划，在战术上是以积极的攻势清除日军驻沪部队，封锁海洋，保卫宁沪的安全。国民政府的战略目的是要向日本及英美各国显示自己的力量，希望以此迫使日本放弃灭华企图，或最大限度地拖延战争进程，迟滞日军的侵略步伐，同时争取英美的干涉调解，达成停战阻止日本灭华的政治目的，至少是恢复七七抗战前不战不和的局面。

最后，淞沪会战在上海持续了近三个月的时间，这为我国沿海工业内迁及政府机构转移赢得了宝贵的时间，极大地鼓舞了全国人民的抗战热情。在战略上使日本对华战争陷入了持久作战的态势，粉碎了日方"速战速决"的梦想，这正是淞沪会战的实际作用及最大意义所在。

另外，中国军队在淞沪战场上英勇抵抗日军，流血奋战之精神，也赢得了国际间的一致赞誉。当时美、法等国家，出于维护国际法起见，均对"淞沪抗战的中国军队给予了深深的同情和较高的评价，极大地鼓舞了中国军民抗战的斗志。"淞沪会战也提高了中国在军事上的国际地位，到抗战胜利时，中国跻身到了世界大国之列。

◎ 淞沪会战的总结及教训

1937 年 8 月 13 日开始的淞沪会战，与 1932 年 1 月 28 日淞沪战役是不同的。两个战役是在不同的历史环境中所爆发的，"一·二八"战役的时候，中国的民族抗日统一战线还没有形成，战胜日本的先决条件尚不具备。就国际局势而言，世界人民的民主和平阵线与法西斯侵略阵线相比，还相对较为薄弱。而到八一三抗战时，上述的历史条件已经渐次形成，因而改变了这新的战争环境。

如果说"一·二八"抗战只是中国局部抗战的话，那么八一三抗战就无疑是从局部抗战转变到全面抗战的开始。八一三淞沪会战不是中日两国军队在曾经一度角斗过的淞沪战场上的重演旧日的历史，而恰恰相反，英勇的中国军民，凭着他们过去的斗争经验，在这次新的战争中，谱写了崭新而光荣的历史一页。

当卢沟桥的烽火刚刚蔓延到平津，大半个中国笼罩在一种暴风雨前的氛围之中时，在上海展开全面的战争，给予全中国人民一种莫大的鼓舞和安慰，使他们树立了彻底战胜日本侵略者的信心，"皇军"不可战胜的神话也被打破。他们万众一心，同仇敌忾，奔赴抗日的战场，筑成了一道抗击日本帝国主义的血肉长城。

日军本以为凭借着自己的海陆空优势，很快就可以终结这次会战，没想到中国军队用"一寸山河一寸血"的顽强战斗精神，坚持抗战三个月之久，并且在主力撤退之后，还逐渐完成了全中国持久抗战之准备。淞沪会战的结果告诉人们，中国军队的战斗力是坚强的。

八一三淞沪会战较之"一·二八"战役，时间上多了 1倍，日军用于作战的人数也多得多。日军先后七次增兵，到金山卫登陆时为止，已增至十四个师团，30 余万人。用于战场上的武器也多好几倍，而且比较精良。然而它所遇到的打击，却比"一·二八"之役要大得多。不但死伤达 10 余万人，战舰、飞机等也有着相当重大的损失。

三个月的淞沪会战，虽然给敌人以重创，但是也有失误，有教训。

我国原本的意图是控制住上海。从经济上讲，它是交通的枢纽，有铁路、公路，还有港口，是经济的大动脉。上海又是国际大都市，是首都南京的门户，许多西方国家在此有租界和金融业务，日军进犯上海，使他们的在华利益受到影响和损失，这样从外交上讲会得到他们对我国的同情和支持。结果上海失守，准备与日军持久对抗的几道国防防线也很快土崩瓦解，惨淡经营的国防工事根本就没有派上用场，这都因军事上的指挥失误所致。一招不慎，全盘皆输，教训是深刻的。

战役的最后，中国方面没有达到预期的目的，反由战争初期的主动进攻，变为战争后期的被动防守，其中的原因是多方面的。

第一，从宏观的角度看，当时中国的综合国力与军力都不能与日本相比，所以局部的失败也不可避免。从具体的战役指挥上看，中国军队在狭窄的江南水网地带，投入75万重兵与强大的敌人开展拼消耗的阵地战，使中方主力作战部队遭受了巨大的损失，三四十万官兵为此付出了巨大的代价。使得接踵而来的南京保卫战严重缺乏参战主力军，很快归于失败，甚至对整个抗战初期的正面战场都产生了不利影响，这不能不视为军事上的一个重大失误。因为它违背了保存自己，消灭敌人的原则，最后使得日方从中方手中夺走了战争的主动权，由被动变为主动，而中方由主动变为被动，这不能不说是一个教训。

第二，在战役的部署上，中国军队没有抓住战机，以己之长，击敌之短，没有发挥我们的优势，而是让日军发挥了优势。其具体表现是：在淞沪一带作战，日本海军的舰艇炮弹射程的控制和火力高度集中，我军阵地正处于敌人舰艇炮弹的射程之内，敌军炮火猛烈，又有空军掩护，我军进攻效果很小，官兵伤亡惨重。日军的优势得到了充分发挥，而我军处于被动挨打的地位。

　　中国军队最初开进淞沪战场时，上海闸北方面的日军，因没有长期在上海作战的思想准备，也没有修筑什么防御工事，兵力配备也不齐全，在这种情况下，中国军队本应该抓住这一有利战机，立即给日军一个有力的打击，打它一个措手不及。敌人尽管持有不少重武器，在突然的袭击下也不能发挥作用。等到中国军队占领了敌人的司令部之后，日军就失去了陆地上的军事根据地，战争的形势就会极大地有利于中方。这时黄浦江中的敌舰，也一定会为脱离陆地上中国军队的威胁而退出吴淞口，中方就完全控制了黄浦江与上海。

　　遗憾的是，国民党政府最高统帅部仍抱着和平的幻想，保持"礼貌"，眼看着日军在构筑防御工事。同时，在闸北方面，我们也没有夺取横滨河，将它控制在我们的手中，给日军以威胁，反而被日军所控制，使日军的根据地不断巩固和壮大；中国军队仅占据闸北一隅，把攻势防御转变成死守的阵地战；敌人可以自由活动，而中国军队因受到坚守阵地的约束却动弹不得。所以，敌人毫无顾忌地向我们的右翼进攻，使罗店、大场等地成为日军进攻的重点，最终被从中央突破。

　　第三，中方的指挥系统层次繁多，各级指挥机构责任不清，最高统帅部不顾战时实际情况，在非军事因素影响下，朝令夕改，甚至直接插手最基层的战斗部署，使前线指挥无所适从。

　　第四，敌军在杭州湾登陆成功，是中国军队对腹背要地防守疏忽所致。杭州湾的地理位置十分重要，在东战场起到重大作用。我们本应在此加强防守，或者在当时只抽调一少部分兵力增援上海，而留重兵把守，日军就无法在此登陆成功。结果是我们在全公亭只有某师的一连炮兵，在金山卫等处只有一些地方部队。在日军登陆时，由于兵力相差悬殊，且是仓促应战，虽守军顽强抵抗全部壮烈牺牲，杭州湾仍落入敌手。

由于对杭州湾的疏忽防守，使日军得以偷袭成功，最终导致中方的溃败。而且在中国统帅部指挥撤离上海之时，又下令过迟，指挥无方，使部队秩序混乱，造成毫无顺序的大溃逃，结果将两道现成的国防工事完全放弃，损失惨重。

……

淞沪会战距今已有七十多年了，尽管硝烟散尽多时，但留给我们的思考依然深远。日本帝国主义强加于中华民族的那场空前巨大的灾难给中国人民留下了永远的伤痛。但是，回顾历史不仅可以让我们更加看清日本帝国主义侵华的凶残和暴虐的本性，还可以让我们感受到炎黄子孙不屈不挠、无私无畏、勇于牺牲的民族精神和高尚气节，感受到中国人民那团结御侮、至死不屈的民族魂。中国人民珍爱和平，但也要时刻牢记贫穷落后就要挨打，就要受人欺负的历史教训。今天，我们正肩负着实现祖国统一和中华民族伟大复兴这样光荣而艰巨的使命，我们要从那段悲壮的历史中汲取精神力量，了解和学习中华儿女在极其艰苦的条件下，浴血奋斗，英勇抗战的英雄气概和牺牲精神，凝聚民族力量，振奋民族精神，为把中国建成繁荣富强的国家而作出自己的贡献。

淞沪抗战已载入史册，我们永远不会忘记！

照片来源

上海市历史博物馆等编：《四个月的战争》，上海社会科学院出版社 2004 年版。

上海市宝山区文物管理委员会编：《百年宝山》，上海社会科学院出版社 2006 年版。